养老保险个人账户基金收益保证成本评估

钱珍 著

知识产权出版社
Intellectual Property Publishing House
全国百佳图书出版单位

内容提要

养老保险个人账户基金收益安全的保障有多种方式，其中最主要也最常用的一种方式是为个人账户资金提供一定的收益水平或者收益率保证。而个人账户收益担保最重要的问题是提供收益担保的成本如何评估以及收益担保成本由谁来承担。因此在有效的假设下，如何进行系统和完整的成本分析是非常有意义的问题。本书以中国养老金系统中个人账户的最低收益保证成本评估作为研究的主题，主要解决了如下问题：一是符合中国国情的个人账户收益保证成本评估方法；二是基本养老保险个人账户最低收益保证成本的度量；三是企业年金个人账户最低收益保证成本的评估；四是个人账户收益保证成本该如何分担。

责任编辑：牛 闯　　　　**责任出版**：刘译文

图书在版编目（CIP）数据

养老保险个人账户基金收益保证成本评估/钱珍著. —北京：知识产权出版社，2013.11

ISBN 978-7-5130-2454-9

Ⅰ. ①养… Ⅱ. ①钱… Ⅲ. ①退休金—基金—收益—研究—中国 Ⅳ. ①F249.213.4

中国版本图书馆 CIP 数据核字（2013）第 283182 号

养老保险个人账户基金收益保证成本评估

YANGLAO BAOXIAN GEREN ZHANGHU JIJIN SHOUYI BAOZHENG CHENGBEN PINGGU

钱 珍 著

出版发行：知识产权出版社

社　址：	北京市海淀区马甸南村1号	邮　编：	100088
网　址：	http：//www.ipph.cn	邮　箱：	lcy@cnipr.com
发行电话：	010-82000893	传　真：	010-82000860 转 8353
责编电话：	010-82000860 转 8571	责编邮箱：	21183407@qq.com
印　刷：	知识产权出版社电子制印中心	经　销：	新华书店及相关销售网点
开　本：	787mm×1092mm　1/16	印　张：	12.25
版　次：	2013年11月第1版	印　次：	2013年11月第1次印刷
字　数：	173千字	定　价：	36.00元

ISBN 978-7-5130-2454-9

序

在全球经济增速减缓、人口老龄化和人口长寿背景下，世界各国的养老金体系普遍面临可持续发展的巨大挑战，我国也不例外。我国于2011年开始实施的《社会保险法》，将"社会统筹与个人账户相结合"确立为社会养老保险的基本制度模式。党的十八届三中全会再次明确要求"坚持社会统筹和个人账户相结合的基本养老保险制度，完善个人账户制度"。在这一背景下，研究如何保证个人账户基金的安全性和收益性，如何评估为保证个人账户基金的收益性所付出的成本，如何将这些评估方法用于对我国养老金体系个人账户担保成本的测算分析，并给出相关的政策建议，无疑具有重要的现实意义。

我国的养老金体系，既包括社会养老保险，也包括企业年金和商业养老保险。其中，企业年金采取个人账户的管理模式，商业养老保险大多也采取个人账户的模式。从而，养老金体系的多个层次或多个支柱都涉及个人账户收益担保成本的评估、分担和管理等问题。在不同的个人账户筹资和管理模式下，个人账户收益保证成本的评估和管理有共同点也有差异性。

钱珍的个人著作探讨了我国社会养老保险个人账户和企业年金个人账户收益保证成本的评估方法和应用，以及保证成本的分担和管理等问题，研究针对中国养老金体系个人账户担保存在的问题，深入分析问题的本质，通过量化实证手段，提出解决问题的方法和手段。这些结论从学术应用角度上，进一步推进了担保收益方法的改进；从实际应用角度，给政府解决养老金担保问题提供了相关可行的政策建议。本书在写作上也保持严谨、客观的特色，较好地做到分析有条、论述有理、实证有据等。这一著作是在她博士论文的基础上，继续深入研究和完善后的成果，作为钱珍读博士期间的导师，我衷心祝贺本书的出版，并十分乐意向读者推荐。希望她在这一领域继续深入研究，不断创新，取得更多的成果，为养老金投资和金融稳定做出更大的贡献。

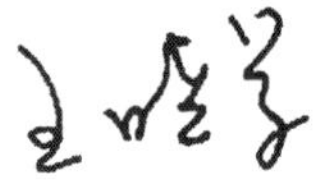

2013 年 10 月

目　录

图例索引

表格索引

第一章　导 论

第一节　研究背景和意义

一、研究背景

养老金个人账户制度的建立最早可追溯到马来西亚、新加坡于20世纪50年代建立的中央公积金制度。但是个人账户制度在世界范围内引起广泛关注则是1981年智利建立的私营管理的个人账户制度，并被世界上其他国家效仿；瑞典于20世纪90年代中后期建立起来的名义个人账户制度则进一步推进了个人账户制度的发展与繁荣。目前已经有30多个国家和地区将个人账户制度作为强制性养老金制度的一部分，在各国的积极探索中，养老金个人账户制度已经形成很多类型的模式，每一种特定模式的出现都与该国的宏观社会经济发展状况紧密联系。

中国的养老保险体系较为复杂，存在不同的制度模式。其中《中华人民共和国社会保险法》（以下简称《社会保险法》）中关于公务员养老保险制度改革规定："公务员和参照公务员法管理的工作人员养老保险的办法由国务院规定。"事业单位养老保险制度近几年一直在缓慢推进，未来改革方向基本与企业职工养老保险制度一致。20世纪90年代建立的农村养老保险制度曾一度发展比较快速，后来因为集体经济的萧条也陷入停滞状态，2003年起又逐步在少数经济发达地区开展起来。近年来中央提出建立新型农村养老保险制度，农村养老保险制度再次得到快速发展。城镇职工基本养老保险相对较为完善，由三个支柱构成，本书中的个人账户主要针对较为完善的城镇企业职工养老保险个人账户。随着城镇基本养老金个人账户的做实和农村新型养老保险制度的发展，如何建立健全养老金个人账户制度的管理体制和投资体制已成为中国养老金体系健康快速发展的重要问题。

由于人口老龄化问题日趋严峻，老龄化带来的养老金财政支出压力迫使中国政府开始对城镇企业职工基本养老保险制度进行一系列改革，最终形成了三支柱的养老保险体系：第一支柱是社会统筹与个人账户相结合的强制缴费的基本养老保险，由各省级政府管理；第二支柱是企业补充养老保险计划，采用的多是缴费确定型的个人账户制度，但缴费是非强制性的，部分地区对个人账户投资收益给予一定的税收优惠；第三支柱是个人储蓄型保险计划，这种计划是私人行为。这三支柱中都含有个人账户养老金，每个支柱中的个人账户有不同的特征，但共同之处在于个人账户资金的所有者都是个人账户持有者，个人账户的功效都是保障退休后老年人的经济安全。基本养老保险中社会统筹养老金替代率通常为40%。如果职工退休后想达到100%的养老金替代率，那么大约60%的养老保险功效就需要由个人账户养老金来实现。如果个人账户基金的安全得不到最低收益的保证，职工退休后的生活水平有可能只达到退休前的40%水平，老年生活状况凄惨。由此可见，个人账户养老基金的收益保障对于老年人退休后的经济安全起到非常重要的作用，但是长期以来对不同支柱中个人账户资金收益保障问题的研究一直没有受到重视。

目前我国的基本养老保险个人账户，由于做实的重重困难，多采用名义记账利率对个人账户资金进行积累。记账利率主要参考一年期银行定期存款利率。从本质上讲，这也是对个人账户基金提供收益保证的一种形式，但是这种收益担保水平却不足以维持个人账户资金的保值，尤其是在近年来通货膨胀率较高的情形下。而企业年金个人账户基金通过确定受托人进行管理，个人账户基金由投资管理人进行运作，虽然政策规定企业年金基金投资管理需要计提一定的风险准备金，但政策并没有规定投资管理人的投资收益必须达到某一个最低标准，也没有说明养老基金管理公司如果出现破产，将由谁来保证企业年金个人账户的安全性。总言之，企业年金个人账户基金的安全性并没有得到保障，从另一个侧面看，这也是企业年金发展缓慢的一个原因。个人储蓄性养老保险账户是一种私人行为，这种储蓄保险通常以个人银行存款账户或者商业养老保险的形式出现。如果以银行存款的形式，收益比较低但是比较安全的；如果以商业养老保险的形式，主要看保单类型，保单账户是否具有投资功能，是否包含最低收益保证的条款。目前国内各保险公司提供的万能险最低保证利率大多为2%～2.5%，由于最低保证利率相对较低，结算利率实际上通常都高于最低保证利率，常与三年期银行定期存款利率相当。因此，从现行三种个人账户的收益安全性可以看出，只有个人储蓄性养老保险账户是私人行为，可以自行选择有一定收益保障的保单产品。而基本养老保险个人账户收益保障水平过低，企业年金个人账户则没有最低收益保障。这样的现实情形让职工对退休后的生活缺乏足够的安全感，从而影响了职工的当期消费，不利于促进经济发展，产生一连串的负面效应。

综观世界各国的养老金制度，不管是社会保障、职业年金或金融投资产品，最终都是由政府进行隐性或者显性的收益担保。当退休收入以个人投资账户的形式提供时，政府作为监管者，能够为转移资本市场风险做更多的事情，通常不会只采用其中一种方法，而是把这些措施联合起来降低个人退休后的账户贬值风险。他们可以制定审慎投资计划并允许基金分散投资组合，并且能够通过提供标准化的报告和风险提示来提高竞争力。同样也能够改进国内资本市场的效率来间接影响养老基金的收益。但是很多政府所做的远不止这么多，还提供明确的不同形式的投资组合收益担保。其中最主要也最常用的一种方式是为个人账户资金提供一定的收益水平或者收益率担保。一些国家和地区在养老金改革的进程中，采用为个人账户的养老金系统提供了各种担保制度的方案，如智利、哥伦比亚、英国、中国台湾地区等。在中国，2010 年 10 月全国人大常委会通过《社会保险法》，明确了国家财政有为社会养老保险提供资金支持的责任。但是如果对个人账户基金进行投资收益的保证，必然产生一定的经济成本。如何评估投资收益担保的成本，收益保证的成本由谁来承担，以及是否有能力承担等成为重要的问题。尤其是对政府提供的担保成本评估，可以判断出政府养老金改革中一个隐性的财政补贴。

最低收益保证资金可持续性的最大障碍就是担保成本缺少透明度。因此在有效的假设下，如何进行系统和完整的成本分析是非常有意义的问题。本书在中国的实际背景下，以养老金系统中的个人账户最低收益保证成本评估作为研究主题，希望解决以下问题：（1）符合中国国情的个人账户收益保证成本评估方法；（2）基本养老保险个人账户最低收益保证成本的度量；（3）企业年金个人账户最低收益保证成本的评估；（4）个人账户最低收益保证制度的构建；（5）收益保证成本该如何分担。

二、研究意义

（一）理论意义

最低收益保证制度建立的最大困难是收益保证成本的评估。本书在深入梳理现有收益保证成本评估方法的基础上，进一步沿着评估方法的主线从最低收益率担保评估方法进一步拓展到双限收益率担保评估方法，从而对担保成本评估方法的理论发展起到一定推动作用，也为中国个人账户养老基金进入资本市场的收益安全提供切实可行、便捷的双限收益率担保成本的计算方法。在风险繁杂的资本市场和金融市场中，为个人账户养老基金投资提供收益担保存在各种潜在风险，对这些风险的分析一方面可以事前规避部分损失，同时为整体而全面地探讨担保成本分担提供基础，并确保担保制度构建的充分性和完善性，促进投资收益担保问题的深入研究。同时本书的研究结果不仅对现行的基本养老保险个人账户和企业年金个人账户具有理论指导意义，也为类似的养老金制度（公务员、事业单位、新型农村养老金制度）改革提供一定的参考和借鉴，本研究具有一定的理论前瞻性和应用价值。

（二）实践意义

企业基本养老保险从现收现付制向部分基金制改革进程中，政府为基本养老保险个人账户提供担保是公共财政的一个或有风险源，引起的成本是公共财政的一项隐性补贴。本研究对个人账户不同记账利率而产生的担保成本进行评估，判断政府养老金改革的一项隐性补贴大小，解决政府预算统计中养老金领域的一个或有风险测算问题。随着企业年金个人账户基金不断地发展，企业年金个人账户收益安全问题也需要逐步完善。本研究通过深入分析国外企业年金制度中收益担保的发展来探讨我国建立企业年金个人账户收益保证制度的必要性，在此基础上建立动态模型，对担保人提供最低收益担保需要支付的成本进行评估，为中国企业年金制度的完善提供参考性建议。

三、概念说明

在本书开始之前，对文章中使用最多的两个概念进行说明：（1）养老保险基金与个人账户基金；（2）收益保证（担保）与保证成本。

（一）养老保险基金与个人账户基金

中国企业职工的养老保险体系由基本养老保险、补充养老保险和个人储蓄养老保险三个层次构成。除此之外，还有国家作为养老保险储备金的全国社保基金。养老保险基金的范畴相应地划分为四个层次：

（1）基本养老保险基金。基本养老保险基金包括社会统筹基金和个人账户基金。社会统筹基金指以政府强制和信用保证为前提，国家或社会统一筹集、管理和支付的基金模式。统筹基金通过社会再分配手段为职工退休后提供稳定的基本收入，以保证他们的基本生活。社会统筹基金的本质是“集体保险”，参保人的养老风险在代内和代际间分散。基金的所有权归属所有参保人共同所有。社会统筹基金的来源包括财政拨款、用人单位、个人依法缴纳的社会保障费（税）中进入“统筹账户”的部分和社会捐赠等，融资采取现收现付方式，给付采取待遇确定型。我国企业一般把职工个人工资按一定比例（20%）缴纳到社会统筹基金账户中。个人账户基金指政府强制个人和单位在工作阶段向统筹账户缴费，达到一定的缴费年限，退休后方可领取一定金额养老金的模式。“强制缴费”和“自我保障”是主要特征，通过强制缴费平衡劳动者一生的收入与消费。参保人有自己的个人账户，个人账户资金的所有权归个人，使用权在退休后归个人。理论上，在缴费期间使用和支配的权利都归个人所有，但实际缴费期间归个人账户基金管理机构。个人账户基金主要来源于职工个人缴费，基金融资实行完全积累制，基金给付为缴费确定型方式。参保者退休后的养老金水平是由领取时个人账户余额多少决定，而余额多少则取决于劳动者参保期间缴费的多少和基金回报率的高低。基金回报率高低对参保者退休的收益安全起到很大的影响作用。

（2）企业补充养老保险基金（企业年金）。企业年金是指由企业根据自身经济实力，在国家规定的实施政策和实施条例下为企业职工所建立的一种辅助性的养老保险❶。这是一种受政府政策鼓励、企业自愿建立、由商业机构运营❷的养老计划。其主要特征是非强制缴费和基金完全积累，企业补充养老保险基金来源可由企业完全承担，也可由企业和职工双方共同承担。1995 年之后我国企业补充养老保险开始出现零星发展的状态，发展水平相对较低，只有部分效益较好的企业为职工办理了补充养老保险。绝大部分企业在基本养老保险、医疗保险、住房制度改革缴费的压力下已经没有能力为职工建立补充养老保险。但是企业年金基金自 2004 年确立两个办法（《企业年金试行办法》和《企业年金基金管理试行办法》）以来开始快速增长。劳动保障部门统计数据表明，2006 年年金市场总规模为 910 亿元，2007 年迅速增至 1300 亿元，截至 2008 年 8 月底，年金规模超过 1500 亿元；2008 年底我国已有 2.4 万多家企业建立了企业年金，受惠职工 964 万人。企业年金基金在资本市场上开始立足，对企业年金基金投资的收益率要求既是对个人账户资金的保护也是对资本市场提出的更高要求。2011 年 5 月 1 日起施行修订后的《企业年金基金管理办法》，新办法中投资股票比例上限提至 30%，新《办法》从长期来看对行业利好，短期来看对市场影响有限。到 2012 年年底，21

❶ 引自陈辉，程明．企业年金的市场化研究．现代管理科学，2003 年第 6 期，93-94。

❷ 在企业补充养老保险发展的初期，部分地方社保部门和行业经办大量的补充养老保险，也有部分企业通过向商业保险公司投保建立了企业年金，但 2004 年《企业年金试行办法》与《企业年金基金管理办法》的出台，明确要求第二层次养老保险要走市场化经营的道理。

家具有专业资格的企业年金投资管理机构中，共有12家基金公司，管理资产约占总资产的42%。此外，保险公司也成为企业年金专业化运营的重要力量，共有7家保险公司。截至2013年第一季度末，建立企业年金的企业已达57 485家，积累金额达到5113.75亿元，实际投资运作金额达到4905.67亿元，当期投资收益达到75.19亿元，当期加权平均收益率为1.66%[1]。按照现有规模继续发展，企业年金将会很快突破万亿规模。在养老需求不断提升的背景下，无论是居民还是机构的储蓄资产都在追求着更好的养老条件从而导致养老金的模式更加市场化。

（3）个人储蓄养老保险基金。个人储蓄性养老保险是多层次养老保险体系的一个组成部分，职工自愿参加、自愿选择保险形式，通过购买商业保险公司的养老保险产品或者通过银行储蓄及其他投资方式实现。在一些国家以个人为主体责任的个人储蓄性养老保险一直发挥着很重要的作用，如美国和新加坡。而大多数国家，包括我国，首先强调的是政府的责任，其次是企业和个人。近几年，社会统筹与个人账户相结合的养老保险模式在政府和社会各界的关注下取得了较快的发展，企业年金计划作为我国养老第二支柱，也逐渐步入发展正轨，由于产品的设计及销售存在误区，居民的风险和保险意识不强等，使得商业养老保险发展落后，其在养老保险体系中的地位和作用没有得到充分发挥，甚至很多人并不了解这种养老保险。目前，个人储蓄养老保险的发展处于起步阶段和附属地位，发展到一定水平还需要时间和过程。

（4）全国社会保障基金。全国社会保障基金作为国家的长期战略储备，主要用于弥补未来人口老龄化高峰到来时，养老基金的缺口需要。2000年政府做出决定建立全国社会保障基金，同时设立“全国社会保障基金理事会”，负责管理运营全国社会保障基金。2010年10月28日通过的《社会保险法》规定：国家设立全国社会保障基金，由中央财政预算拨款及国务院批准的其他方式筹集的资金构成，用于社会保障支出的补充、调剂。全国社会保障基

[1] 数据来源：2013年6月28日，人力资源和社会保障部社会保险基金监督司发布的《2013年一季度全国企业年金基金业务数据摘要》。

金由全国社会保障基金管理运营机构负责管理运营，在保证安全的前提下实现保值增值。根据《全国社会保障基金投资管理暂行办法》规定，全国社会保障基金的来源包括：中央财政预算拨款、国有股减持划入资金、经国务院批准的以其他方式筹集的资金、投资收益、股权资产❶。在2001年至2011年的11年里，全国社保基金共实现投资收益2847亿元，年均收益率为8.41%，比同期通胀率高出6个百分点。从2006年12月开始，社保基金会受托管理中央财政补助9个试点省市做实个人账户资金。截至2011年年底，共受托管理个人账户基金本金543.62亿元，获得记账收益及风险准备金114.31亿元，年均投资收益率为10.27%，超过同期通货膨胀率近8个百分点，比承诺收益率高出6.8个百分点。全国社会保障基金与基本养老保险的社会统筹基金和个人账户基金是有区别的。从资金来源看，社会统筹基金和个人帐户基金分别由企业和职工缴费形成，而全国社保基金主要依赖中央财政拨款。从资金使用看，社会统筹基金主要用于当期支出，而全国社会保障基金主要用于长远需要。社保基金的保值增值功效对于增强社会保障的偿付能力，确保社保

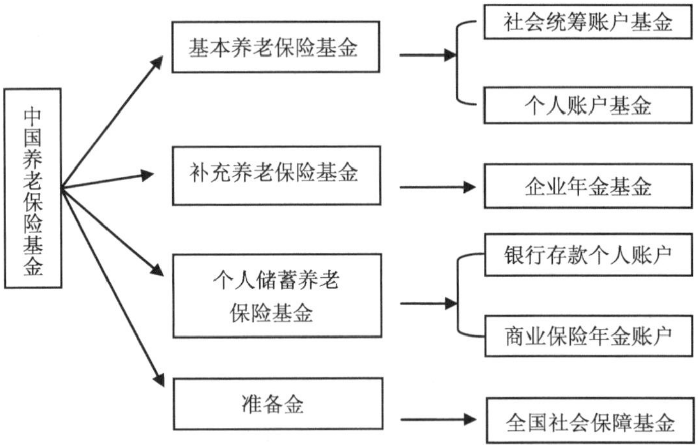

图1-1　中国养老保险基金构成

制度的可持续发展具有重要的作用。在中国的社会保险保障基金投资管理过

❶ 全国社会保障基金来源引自 http：//baike.baidu.com/view/673993.htm.

程中，法律和规则必须适时修订，以反映养老保险基金保值增值的需要（邓大松等，2006）。

综上所述，中国养老保险基金之间的关系如图 1-1 所示。

（二）收益保证或收益担保

“Guarantee”在牛津词典中的解释为：对于一个将要履行的职责或者义务的一种正式承诺或保证，翻译为中文可以理解为“担保”或者“保证”。在中国，法律意义上的“担保”是指债权人为确保债务得到清偿，在债务人或第三人特定的物和权利上设定的，可以支配他人财产的一种权利的行为。在公共养老保险制度中，政府提供担保不仅仅因为债权和债务对应关系而产生，还体现在政府作为公共主体，有一定的道义承担社会成员的养老风险。各国政府为国民提供各种担保的过程中，有一些是其作为经济主体需要承担的责任，有一些是其作为公共主体面临的义务，在雇主发起的养老保险计划中也是如此，只不过需要承担责任的范围相对较小一些。因此“个人账户基金收益担保”可以这样定义：担保人保证个人账户基金在到期日至少达到一个预先设定的收益水平，如果达不到，需要由担保人出资补充以保证收益达到设定水平。当然，这个水平可以是固定的，也可以是变动的，担保人可以是政府，也可以是担保基金或者基金管理人。在本书中保证和担保不加以区分，可以互换使用。

在对养老金个人账户担保作出定义后，接着涉及个人账户担保成本的界定。养老金计划的成本是未来给付精算现值分摊于各年的数额。实账积累的个人账户担保成本，指个人账户在到期日的实际值与担保值之间的差异值。中国养老保险个人账户分成空账积累的基本养老保险个人账户和实账积累的企业年金个人账户。基本养老保险个人账户的收益保证成本评估是针对总体个人账户基金而言，个人账户基金没有投资收益率，所以视作投资收益率为 0 的情况；保证成本也就是指按照名义记账利率积累的全部利息。企业年金个人账户的担保成本就是指到期日个人账户基金投资的实际值与担保设定值之间的差值，这部分是由担保人承担的成本。

第二节　相关文献综述

一、养老金收益保证的形式

Sin（2002）对养老金担保制度的文献进行了梳理，对担保的定义并没有局限于养老基金投资的担保，而是分成较为广泛的几种形式：（1）绝对给付水平担保（Absolute Benefit Level）。提供一个防止贫困的给付，以固定的养老金、最低工资或最低消费水平的一定比例（贫困线、最低工资、或者平均工资）提供给付，因此没有人会比一定收入水平更低。（2）相对给付水平担保（Relative Benefit Level）。为个人收入的某一比例，达到一定的目标替代率，这和一个国家的养老金给付标准有关。（3）绝对收益率水平担保（Absolute Rate of Return）。事前确定的一个固定的投资收益率，包括缴费的担保收益和缴费的实际担保收益率。(4）相对收益率水平担保（Relative Rate of Return）。这个收益率和市场的一个基准相关联，这是较为普遍采用的一种方式。这几种担保形式具有明显不同的特征。

首先，几种形式担保目的不同。第一种担保体现社会保护和防止老年贫困为目的而建立的，对这种以防止贫困为主的最低养老金制度的探讨参见相关文献[1]。第二种担保目的在于体现保证缴费成员的公平性，每个人通过养老保障制度可以获得相似的隐性收益率或者替代率。第三种担保目的主要在于避免遭受投资风险，控制基金绩效表现，保障劳动者在退休时可获得一定水平的报酬率。绝对收益率担保又分为名义收益率和实际收益率担保。名义收益率担保不考虑通货膨胀的影响，只按照名义担保利率进行积累，实际收益率是通货膨胀率发生变化时，最低的记账收益率为固定收益率加通货膨胀

[1] 最低养老金担保制度可以参见下列文献 Willmore（2001），Bertranou（2002），Barrientos et al（2003），Hozmann et al（2004），Willmore（2006）等。

率。绝对收益率担保的各种情形探讨见相关文献❶。第四种担保主要是为了降低个人面临的资本市场波动风险，担保的最低收益率不再是一个固定的值，而是和市场某一基准或某一指数或同行业的收益率平均值相挂钩。Ekern and Persson（1996）、Pennacchi（1999）、Lindset（2004）等讨论了相对收益率担保的情况。

其次，几种形式担保的担保人不同。第一种担保的担保人绝大多数是政府，担保的成本也是确定性的，和满足条件的人口数及人口的预期寿命有关。第二种和第三种担保的担保人在退休时年金化，那么担保人就是养老基金公司或政府；如果没有年金化，从退休开始领取养老金，那么担保人就是政府。第四种担保的担保人可以有多个，如养老基金本身、养老基金管理人、中央担保基金、政府，具体要根据担保的设计方案确定。

再次，几种形式担保满足的条件不同。不同担保形式要求满足的条件不同。第一种形式的担保满足条件比较宽泛，一般只和居住时间长短、收入低于某一水平或者年龄超过某一标准相关联，和缴费无明确关系。后面三种担保形式都是针对缴费型养老金。第二种担保形式的享受资格多为缴费达到一定年龄、超过一定期限或者账户超过特定数额，才可以享受有担保的最低养老金。第三种和第四种针对个人账户而言，个人拥有强制缴费的个人账户，一般政府会确保个人账户养老金收益达到一定水平。

最后，几种形式担保收益不同。第一种担保给付水平较低，通常都是非缴费的，因此隐性的收益率却最高。第二种担保的收益一般是由政府确定，达到一定的替代率水平，这种担保的收益率也是隐性的。第三种担保的收益率是确定的，这种事先确定的收益率是显性的，和实际投资收益率没有关系。第四种的收益率是显性但不确定的，会随着市场的收益率变化而变化。

在实际应用中一个国家并不纯粹采用某一种模式，有时具有相互交错的

❶ 绝对收益率担保制度可以阅读下列文献 Brennan and Schwartz（1976），Boyle and Schwartz（1977），Persson and Aase（1996），Feldstein and Samwick（2001），Hansen and Miltersen（2002），Schrager and Pelsser（2004）等。

特征，例如，一个国家既提供不需要劳动者缴费的最低养老金，又提供缴费关联的最低收益担保，还可以再为个人账户提供最低收益率担保。养老金担保模式的选择需要根据各国的国情来考虑。如果一国金融市场不健全的情况下，提供与金融市场某一指数挂钩的相对收益率保证就不适合，容易出现大的波动，起不到良好的保障作用。

二、养老金担保制度国际经验

世界各国养老金改革的进程中，都采取了不同的方案来保证老年人的退休财务安全。对于以防止贫困为出发点的最低养老金制度，有些国家已经开始建立，有些国家还在尝试之中。基金制养老金计划中，职工退休后承担的投资风险可以通过限制养老基金投资组合来降低，也可以通过政府对养老基金的规范和监管来减少，还可以由第三方来分担风险如雇主或者保险公司，或者通过各种各样的收益率担保来实现。一般情况政府会联合采用这些措施来降低个人退休后的风险，这样做的主要原因是既考虑到社会保障的目标，又考虑 DC 型养老金计划的目标。对于提供各种各样收益水平或收益率担保的国家，由于政治、经济、文化背景的不同，采用的担保制度和担保模式也有所不同，表 1–1 和表 1–2 简单地列示了一些国家的具体情况。

表 1–1　非强制型 DC 计划中的担保情况

国家	计划方案	典型特征
巴西	开放式基金	要求年化实际收益率为 6%；超出部分分配到在任期内的工人账户，新账户无分配资格
丹麦	职业年金计划	提供担保收益率的保险合约的值由政府设定并受欧盟的更多约束条款；参与人可能得到储备基金中额外分配的超过最大收益率的部分，并且最大的担保收益率会随着资本市场利率的下跌而下降

续表

国家	计划方案	典型特征
德国	补充养老保险计划 现存的职业年金计划	新体系（2001）必须保证至退休时能获得税收优惠的缴费本金总额 一些计划提供最低收益率担保
日本	新的补充养老保险计划	新体系（2001）年强制提供3项投资选择权，包括保证最低缴费本金
新西兰	全国公积金计划	主要是为地方政府的雇员，现已关闭进入者；基金信用账户成员名义回报率通过每年资助保守的资产配置和使用公积金达到等于4%；政府支持不足
瑞典	补充养老保险计划	由他们的工会和雇主协商特定于蓝领阶层，金融监督管理委员会规定设定最低收益率保障在3%～4%之间是其中的一项选择权
英国	DC 计划的投资选择权	投资银行和共同基金（单位信托基金）可能提供资金购买看跌期权，以保证一定的回报
美国	教会及非盈利计划 退休计划 一些不合格的私人部门计划	由一些储备基金支持提供不同类型的 DB（Defined Benefit）型养老金计划和 DC 型养老金计划收益率之间的转换

资料来源：Sahin，Sule；Elveren，Adem Yavuz（2009）。

表 1-2　强制型 DC 计划中的担保情况

国家和担保类型	投资担保水平	担保人
具有绝对收益担保水平的国家		
澳大利亚	最低收入限定性补助	G
马来西亚	2.5% 的名义绝对收益率	G
新加坡	2.5% 的名义绝对收益率	G
瑞士	4.0% 的名义绝对收益率	E，CG
乌拉圭	2% 的实际绝对收益率	G
具有相对收益担保水平的国家		

续表

国家和担保类型	投资担保水平	担保人
阿根廷（私人养老金计划）	所有计划的回报平均名义利率的70%，或者低于平均水平2个百分点，以较低者为准	PF，OPF，G
阿根廷（公共养老金计划）	除了私人养老金公司提供的保证之外，还要求退休时达到按照国有银行储蓄账户利率的担保收益率进行累计的担保收益	NA
智利	所有计划的平均实际收益率50%，或低于平均水平2个百分点，以较低者为准	PF，OPF，G
哥伦比亚	最低值基于所有养老保险基金的平均收益率和该国三大证券交易所的收益率的复合值	PF，OPF，G
克罗地亚	最高为央行贴现率	PF，OPF，G
萨尔瓦多	1998年的智利框架——监管细节无法获得	PF，OPF，G
哈萨克斯坦	达到最低账户余额	G
秘鲁	直到1996年11月，所有计划回报平均名义利率的50%或者2个百分点以下，以较低者为准；此后，没有监管机构建立一个动态的选择权	NA
波兰	所有计划回报平均名义利率的50%，或者低于平均水平4个百分点，以较低者为准	PF，OPF，CG，G
乌拉圭	2%的实际收益率与系统平均收益率减200个基点中较低者为准	PF，OPF，G

资料来源：Sahin，Sule；Elveren，Adem Yavuz（2009）。

注：担保人指为担保计划提供资金支持的人。PF指养老基金；OPF指养老基金拥有者；CG指中央担保基金；E指雇主；G指政府。

（一）智利、阿根廷和秘鲁

智利是较早实现融资模式从现收现付制向完全基金制转变的国家。智利政府提供两种类型的养老金担保制度：相对收益率担保和绝对最低收益担保。

相对收益率担保提供的是 $\min(R_a-\alpha,\ \beta R_a)$，其中 $\alpha=0.02$，$\beta=0.5$，如果 R_a 超过0.04，每个养老基金投资收益率最少达到 βR_a。如果 R_a 较小，每个养老金投资收益率至少达到 $R_a-\alpha$，同时每个养老基金都需要留出1%的自有资金作为准备金。当基金产生亏损或低于相对收益率时用来抵补。如果养老基金自有资产不足以支付时，则清算基金，差额由政府补足。若基金报酬率高于法定报酬率，则产生的超额报酬以准备金方式持有。当基金报酬超过其他基金平均报酬2%或超过平均报酬1倍时，将以准备金的方式保留而不是分配到个人账户，但若2年准备金超过基金总资产的1%时，超额的部分分配到个人账户中。绝对最低收益担保，符合这种制度的养老金领取需要满足条件：缴费年限超过20年或者个人账户累积金额过低，以至于最低养老金水平达不到最低平均工资的75%。此外，为了避免道德风险，政府还对股票和海外投资策略进行严格的限制。

智利政府提供的两种担保制度，不仅保障了员工退休最低的收入安全，也保障了他们缴费资金的一定安全性。政府在最低收益率担保中承担部分担保责任，这种担保责任的前提是养老基金准备金加自留资金都不足以弥补差额。政府提供这种保障没有另外收取养老基金管理人的保险费，而是以财政补贴的形式在承担，这无疑加重了政府的财政风险。

阿根廷的养老金担保系统在对投资组合的约束方面和智利的比较相似，关键的区别在于阿根廷的担保收益是名义的和非对称的。担保在该养老基金的投资表现优于平均30%或低于平均70%的行业养老基金收益的情况下才被触发。这种非对称性与智利模式相比在上行风险中导致政府更多地参与，在下行风险中有更低的风险暴露；秘鲁的养老保障体系和智利模式非常相似，直到1996年的养老金法案废除最低保障。法律要求监管机构提供养老保障，这实际是一个强制性的投资储备，以防止养老保险公司欺诈和管理不善。

（二）哥伦比亚

Kristin J. Kleinjans（2003）在其博士论文中详细地分析了哥伦比亚养老金改革的情形。改革开始于1994年，政府为参加者提供两种养老金计划，并且提供一种计划转换的选择权，可以每三年选择是否在计划之间进行转换。同时政府提供一个和改革前同样数量的最低养老金，但要求女性达到58岁，男性达到62岁，并且缴费达到1150星期。对交由养老基金公司管理的养老金要求与基金公司的自有资产相分离，同时政府提供相对收益率担保和基金破产的诉求担保，担保的相对收益率以同行业基金平均收益率、或者股票市场的平均收益率为基准。Walliser（2003）指出担保收益率有一半是以所有退休基金加权平均报酬率的90%，另一半以特定资产组合所产生的报酬率计算。个人账户基金报酬率依据过去24～36个月的基金投资表现来计算，而且养老基金管理公司也需要设立准备金。

Fischer（1998）指出哥伦比亚AFP的缴费主要有三种类型（OCOF、VCOF、VCVF），每种类型分别被不同类型的担保制度所覆盖。OCOF缴费由雇员和雇主共同构成，雇员承担25%，雇主承担75%。这个缴费的担保制度是必须保证缴费资金的100%价值并加上哥伦比亚金融机构制定的综合投资组合的收益率；VCOF缴费是雇员自愿的，超过强制缴费以上的水平，这部分缴费的担保是全国最低工资的1.5倍，不包括缴费收益，也就是说，这是一个有上限的收益担保；VCVF缴费是自愿的，并在单独的一个基金中运作，不提供任何收益担保，但是和以往缴费不同的是缴费可以在六个月内取回而不受到任何惩罚。

哥伦比亚和智利的基金都交由市场运作，基金公司担保一定的收益或收益率给付。基金公司一旦没有偿付能力，政府将提供第二层次的担保。不同的是，智利政府提供的担保不向基金公司收取费用，而哥伦比亚政府为基金公司提供的担保是以期权的形式出现，需要基金公司缴纳一定的费用。哥伦比亚方式可以较为有效地控制政府财政在养老金担保制度中的风险和负担，也减少了基金公司的道德风险，相对来说，这是一种有效的风险分担方法。

（三）匈牙利和波兰

匈牙利职工要求加入第二支柱的DC养老金计划，由私人养老金监管委员会设定每年个人账户记账的最低和最高担保收益率值，这个担保不同于其他国家提供的担保，它的担保是离散的风险分担机制。除此之外，每个退休职工在退休时还可以至少获得一个最低收益保证的养老金值。匈牙利养老基金有一个养老基金储备基金，如果每个季度投资收益率超过最高的收益率，那么超过部分将转移到储备基金中，如果投资收益率低于最低的收益率，将从储备基金中提取资金转移到个人账户中去，储备基金要求不超过个人账户总资产的0.5%，如果某年储备基金低于这个水平，那么职工缴费的0.5%将转移到储备基金中。这些养老基金的收益进一步通过国家担保基金来保障，但各养老基金必须向这个担保基金缴纳一定的费用。担保基金的缴费率一般在个人缴费金额的0.3%～0.5%。匈牙利政府规定如果养老基金资产不足以满足其财务安排，则需要额外向担保基金缴费。担保基金可以向中央银行借款，匈牙利政府用财政支出保证偿还担保基金的借款。如果担保基金的资产超过规定的上限，将延期向养老基金收费。担保基金为养老基金提供达不到担保收益率的担保，同时也为个人账户资金不足时提供最低给付担保，这一点上和我国个人账户最后不足时采用统筹账户基金补足缺口有相似之处，不同的是我国没有这样一个中央担保基金。

波兰的第二支柱养老金以强制的DC养老金计划形式出现。在每个季度末，监管机构采用养老基金资产作为权重计算过去24个月所有养老基金的平均收益率，任何养老基金管理公司如果达不到这个值的一半或者低于平均收益率4个百分点，必须额外拿出一部分资金转移到个人账户基金以满足最低收益率的条件。由于没有最高收益率上限，职工通常可以获得超过最低收益率以上的全部收益。养老基金需要一个储备基金，储备基金的资产是养老基金资产的1%～3%，具体数值取决于养老基金的大小，这部分储备基金资产的投资策略和养老基金的投资策略完全相同。如果储备基金不充足，养老基金需要用自有资产来偿付，如果仍旧不充足，那么养老基金宣布破产，政府担保基金来弥补这个差额。政府的担保基金由政府的劳动保障部来管理，担保基金资产来自养老基金缴费和养老基金投资收益，担保基金资产值不能超过所有养老基金净资产的0.1%。如果担保基金出现赤字，由政府财政预算来偿还负债。从2005年1月起，每个养老基金公司都提供A、B两种类型的担保基金，A类型基金投资于金融工具，B类型基金投资于固定收益证券，两种基金的收益分开计算，但每一种基金都需要满足一个最低收益的保障。

匈牙利和波兰第二支柱养老金都是强制缴费的DC个人账户计划，都为养老基金提供了两层担保制度，担保基金的亏损都由政府财政来支付。不同的是匈牙利政府提供双限收益率担保，波兰的收益担保没有上限要求。笔者认为匈牙利为担保基金收益提供上限规定，并把超额收益转移到储备基金中，是比较科学的一种做法，这种方式有效地降低了养老基金管理公司的担保压力。波兰政府的两种基金投资策略选择使得担保制度更加灵活，为不同风险类型的个人提供选择权，并且也为每种担保提供最低收益保障，使得养老金制度对于个人更加具有吸引力。

(四) 墨西哥

墨西哥担保的最低收益率随着缴费系统的参与者的数量变化而变化。由于墨西哥是一个从DB计划向DC计划转变的过渡期中，职工可以参与两个系统。特别是这个过渡期，当个人退休（在最低年龄65岁或缴费满25年后）时，他们可以按照DB计划和DC计划中较高值返回。为了降低投资风险，像智利和阿根廷一样其投资有投资组合的限制（Sinha and Renteria，2005）。

(五) 马来西亚、新加坡和乌拉圭

新加坡的退休金计划称为“中央公积金”，为强制性的确定缴费计划，提供2.5%的名义绝对收益率保证。在“中央公积金”计划中，劳动者的缴费收入由政府统一管理和投资，在投资的资产上也有所限制，并且担保的保证金用财政预算来支付。马来西亚也是提供2.5%的名义绝对收益率保证，政府作为保证人。在乌拉圭，养老基金的公共养老金管理者保证每年2%的实际收益率，另外，私人养老金公司提供一个2%的实际收益率或者所有养老基金投资组合平均收益率减2个百分点中的较低者，这里私人养老金公司承担最低收益率成本。

（六）国别比较

从担保形式看，大多数国家提供最低收益率担保。澳大利亚和英国这两个福利型国家提供最低收益水平的担保，政府作为唯一的担保人。马来西亚、新加坡、中国台湾地区提供绝对收益率保证。马来西亚和新加坡采用2.5%的名义收益率担保，即不管通货膨胀是否严重，当投资收益率低于2.5%，均按照2.5%的最低收益率对个人账户资金进行积累。中国台湾地区比较特殊，其公务人员养老金个人账户提供与两年期银行定期存款收益率关联的最低利率担保。乌拉圭的公共养老金也提供绝对收益率担保，且政府作为唯一的担保人。中国台湾地区与乌拉圭的不同之处在于，乌拉圭提供最低2%的实际收益率担保，2%不包括通货膨胀率，如果通货膨胀率为4%，那么担保的最低收益率就为6%。瑞士和克罗地亚提供的也是绝对收益率担保，不同之处在于政府不再是唯一担保人，担保成本由不同主体承担。绝大多数拉美国家提供的收益率担保都是相对收益率担保，只不过与担保收益率挂钩的指数不同。秘鲁和智利提供的是整个养老基金行业平均收益率的50%和平均收益率减去2%中的较小值。这里的平均收益率指的是某个时期内所有养老基金的平均实际收益率，阿根廷采用的担保收益率是70%养老金业的平均名义收益率和平均名义收益率减去2%，这个名义收益率不考虑通货膨胀率的波动（林春生，2008）。

从担保模式看，只有瑞士政府没有直接参与担保制度，但是瑞士却有“中央担保基金”。可见政府在各国的担保制度中作用显著。其中6个政府作为担保人的国家，这些多为高福利或经济发达国家。拉美国家由于国情背景较为相似，提供担保的模式也较为相似，但仍有一些差别。哥伦比亚和智利的基金都是交由市场运作，基金公司担保一定的最低收益水平或收益率。基金公司一旦没有偿付能力，政府将提供第二层次的担保。智利政府提供的担保不向基金公司收取费用，而哥伦比亚政府为基金公司提供的担保以期权形式出现，需要基金公司缴纳一定的费用。匈牙利和波兰第二支柱养老金是强制缴费的DC计划，而且也都为养老基金提供了两层担保制度，并且担保基金的亏损都由政府财政支付。

前面提到降低投资风险的方法并不仅仅只有提供各种各样的担保，同样也有通过对投资组合的限制来实现。提供担保制度的国家大多数联合采用这些方法，只有少数国家没有对投资进行限制。英国和澳大利亚采用的是审慎人制度。新加坡的“中央公积金”一直是个例外，它的养老基金投资是由中央政府来管理，这种管理模式使得投资组合直接由政府制定。附表1-1详细列出了主要的经合组织（OECD）国家对养老基金投资限制的情况。

三、保证成本评估方法和分担

（一）收益保证成本评估方法

对养老基金收益担保成本的定价方法和原理主要是把担保看作一个期权，采用金融学中期权定价的方法和原理。DC计划的收益率担保和保险公司投资连接保险的到期日最低收益保证有相似之处。对于保单到期收益担保的早期研究包括Brennan and Schwartz（1976）和Boyle and Schwartz（1977）。但是养老基金连续的收益率担保又有所不同，因为这是一系列连续的担保，而不仅是基于到期日的一个担保。对个人账户最低收益率的担保也不同于保单的担保，个人账户最低的收益率担保还取决于个人在工作期间的缴费工资变化，因此工资的不确定性是影响担保成本的一个关键性的风险因素，但是相似之处是都可以用各种各样的“奇异期权”来定价，如“资产互换期权”。对于常见的最低收益率和最低收益担保的两种期权可以在风险中性假设下得到(等价鞅测度[1])，风险中性假设下所有衍生证券的价格都可以用无风险利率折现得到，这大大简化了衍生证券定价的分析（Cox and Ross，1976；Harrison and Kreps，1979）。

Zarita（1994）较早采用期权定价的方法，在假设对投资回报率是随机的前提下，对智利养老金改革过程中的政府提供最低收益率担保进行研究，并

[1] 关于等价鞅定价和技术的讨论，可以查看 Duffie（1996）和 Fischer（1998）。

计算了个人账户持有者需要支付的成本。

Pennacchi（1999）在Zarita的基础上有所改进，他认为不仅投资回报率是随机的，影响养老金担保成本的实际工资增长率也是随机的，而且贴现的利率也是随机的。因此，文章采用了三个随机过程，探讨最低固定收益率担保和最低相对收益率担保及最低收益水平担保三种定价公式的推导，并且讨论了资产组合波动率和担保时间长短对担保成本的影响。Fischer（1998）在同一时期以哥伦比亚政府养老金担保采用相似的方法进行了度量，同时发现担保的成本还受到担保评估次数的影响。

Lanchance（2002）以美国实际数据评估了各种不同形式的担保成本，主要是针对最低收益率和最低收益水平两种担保形式在不同投资组合、不同投资期限及不同缴费水平下的担保成本进行分析和比较。Lanchance et al.（2003）针对佛罗里达的养老金改革提供了另一种思路，就是对转向DC计划的个人提供一个可以买回DB计划的期权，拥有这个权利个人需要支付一定的费用，但对于个人来说无法确知在缴费期间哪个时间点进行转换较为合适。

Chun-Hua Tang（2007）利用HJM（Heath-Jarrow-Morton）利率随机化模型，推导出与δ年定期存款利率挂钩的利率担保成本定价模型的表达式，在假设远期利率波动率$\sigma_f(t, T)=\sigma$的情况下推导出到期日和多期动态的担保成本定价模型的显式解，又进一步推导出$\sigma_f(t, T)=\sigma\cdot\exp(-\lambda(T-t))$的情况下到期日利率担保和$\delta=1$的情形多期动态的利率担保定价公式。

Sharon S. Yang等（2008）根据台湾现实情况利用HJM利率随机化模型，推导了与银行定期存款收益率相挂钩的相对收益率担保成本的封闭解，同时还加入了死亡率因素对担保成本的影响及关键参数的敏感性分析。

在对已有担保成本的定价方法整理可以看出，担保成本的定价均基于将担保看作期权的原理，利用Margrabe1978年推导出的互换期权的公式，得到担保成本的公式。在推导过程中利用无套利定价原理，在风险中性概率测度条件下，将到期日的担保价值折现到当前时点。现有担保模型的主要区别在于：（1）影响成本的关键变量是否随机。如利率模型有采用CIR（Cox

Ingersoll Ross）模型、Vasicek 模型、HJM 模型等，以及未来缴费工资的随机性，死亡率有没有被考虑进去、是否随机等。（2）投资策略的变化对收益率的影响。在以往的研究中通常较少考虑投资策略的变化对担保成本的影响，但在最近的几篇文章中有专门针对投资策略变化对担保成本影响的研究，如廖伟志（2007），唐俊华（2008）。（3）担保收益率的设定是绝对收益率还是相对收益率，担保收益率与市场投资组合收益率挂钩还是与市场利率产品挂钩，担保收益率的发展从最初的固定收益率担保到与市场投资组合收益率挂钩再到与市场利率产品挂钩这样的一个过程，现在对担保收益率与市场利率产品挂钩的担保定价研究还较少。（4）担保期限是到期日担保还是多期动态担保，在多数担保的国家有采用到期日担保也有采用多期动态担保的模式。通货膨胀因素基本都没有考虑（只有在国际经验中，一些国家提供保证通货膨胀的实际收益率担保）。（5）单限担保还是双限担保，很多国家提供的最低收益率担保，只有较少的国家提供双限收益率担保，如匈牙利。实际上双限收益率担保更加符合实际需要，可能是未来收益率担保的一个发展方向。（6）在现有研究中对担保成本评估的研究多从微观角度出发，没有考虑整体人口结构风险，只有张君宁（2006）探讨了台湾公务人员退休基金对政府财政的影响，计算政府为提供担保所承担的整体债务是进一步研究的重点之一。

（二）收益保证成本的分担

无论是谁来提供这个担保计划，但这些担保计划成本无疑是最重要的问题，担保成本的大小取决于计划的类型、慷慨程度及道德风险。为个人账户提供收益担保会出现逆向选择和道德风险，因此需要对担保成本进行合理的分担，担保成本的大小取决于担保采取的形式，担保期限长短及基金投资策略和担保的人口数。Bodie and Merton（1993）对由担保制度所产生的风险提供三种思路来管理：对风险进行监控、对担保进行定价、对资产的投资进行约束。Bodie and Merton（1993）又提出通过超额缴费来对担保成本进行分担的方法，这种方法的实质仍是由个人账户持有者来承担下方风险，为担保的最低收益率支付一定的费用，只是这个费用是以所有人缴费的形式出现。

Smetters（2002）分析了这种超额缴费的不合理性，并提出了两种控制担保成本的方法：第一种方法是借鉴巨灾风险的文献的思路，建议个人选择标准化的投资组合才给予投资收益的担保；第二种方法是私有化的投资组合收益率在好的状态下需要交税，在坏的状态下将给予补贴。从目前来看，较多学者对担保成本评估的方法进行了深入地探讨和研究，但是对于如何合理有效地分担担保成本的研究却是较少的，本书在第五章专门针对这一主题进行了深入的分析。

四、国内研究现状

国内对个人账户收益保证问题的研究较少，多是对国外担保制度的简单介绍和引入。刘昌平和孙静（2003）在《供款基准制养老金计划的相对收益率担保研究》中介绍了智利、阿根廷及波兰相对收益率担保制度之后提出中国构建担保制度应着重考虑成立中央担保基金公司，最低收益率为市场平均的收益率，以及投资机构应建立盈余准备金等措施。吕伟和钟健（2005）把养老金担保和政府的或有风险联系起来进行分析。苏树厚和徐刘芬（2005）对 Lanchance 和 Mitchell 两位学者所提出的个人账户担保分析模型进行了描述性介绍。张海星（2008）从财政风险角度阐述了政府为养老金个人账户提供担保收益或担保收益率将是财政的一个显性的或有风险，或有风险的存在对财政是一个非常危险的因素，因此如果能够有效地度量或有风险将对财政的安全性起到较好的保护作用。林春生（2008）采用了期权定价的方法和中国的经济假设对引入 DC 型养老金个人账户提供担保采用蒙特卡洛方法进行了模拟。钱珍（2009）采用相似的方法对提供绝对的实际收益率担保成本进行模拟，并进一步分析了经济变量对担保成本的影响，进而拟合出变动的指数函数，发现担保成本对名义工资增长的变动没有对通货膨胀变动的敏感性高。

国内对担保问题的研究较少主要有两个原因。一方面是由中国养老金制度的历史和现状所决定。机关和事业单位养老保险到目前为止仍采取现收现付的模式，而企业养老保险改革在 2000 年以后才开始提出做实个人账户的试点制度，制度的试行效果并不显著。在没有政策的支持下，理论的研究也相应受到限制。另一方面是中国金融市场不完善导致研究的限制，如我国股票市场的收益波动率在一定时间高达71%，这对于利用现实数据进行模拟带来了极大的困难，难以得出和现实相符的结果。但是随着这两方面的逐步完善和改进，养老金个人账户向基金制改革的趋势是不容质疑的，政府为各种类型的养老金制度提供确定的或不确定的担保制度也是必然的，理论的先行研究具有重要意义。

第三节　研究方法和内容

一、研究方法

养老金问题是一个多学科交叉的领域，本书的研究涉及诸多相关学科。既有养老保险的理论知识，又有人口学人口结构变化问题，还有统计学的数值模拟方法，以及金融学期权定价理论等。本书侧重从养老金精算学和金融学的角度，针对中国养老金现状中存在的困境，深入分析问题的本质，并提出解决问题的方法、手段，而且通过数量化方式来进行实证。从学术研究的角度，进一步推进担保收益率方法的改进；从实际应用角度，也给政府解决养老金问题提供一种切实可行的方法。

由于养老金问题的研究具有很强的实践性，本书运用规范分析与实证研究相结合的方法对中国养老保险实际问题展开研究；采用历史与文献研究方法，对所收集的与本书有关的历史与现状文献资料进行整理与分析；运用专题理论研究，采用历史与逻辑相结合的思维方法，对个人账户收益保证的相关问题进行专题研究；采用经济计量分析和仿真建模方法，以经济理论和统计资料为基础，对经济参数进行定量分析；利用成熟的模拟技术对基本养老保险个人账户担保成本和企业年金个人账户担保成本进行评估，通过设定不同的情景，采用比较分析的方法，对不同情景下的担保成本进行对比，以便为我国制定相关政策提供可兹借鉴的依据。本书的研究在内容上有很强的针对性，摒弃宽泛浅的论述方式，讲究专精深的探索方式，实实在在解决养老金领域诸多问题中的一个难点。

二、研究内容

本书首先探讨世界各国养老金制度由DB型向DC型转变过程中，养老金个人账户投资风险转移而产生的问题。不同国家针对产生的问题有不同解决方案，其中一个方案是为个人账户投资提供最低收益担保，从而产生对担保成本评估所引起的定价问题，以及担保成本的分担等相关值的研究问题。本书在总结世界各国担保经验、担保形式、担保定价的进展及存在的问题后，接下来一章对本书提出的符合中国国情需要的担保成本评估模型进行推导，并证明模型的合理性。在理论模型完成后，针对中国养老金个人账户的实际情况，分别对基本养老保险和企业年金个人账户保证成本进行评估，然后对担保成本的分担问题进行分析，并提出相关建议。遵循以上逻辑思想建立研究框架，具体的结构如下：

第一章，“导论”。阐述研究的背景和意义，接着对相关研究国内外的进展进行综述，然后明确本书的研究内容、方法和结构，最后对可能的创新性工作进行概括总结。

第二章，“个人账户收益保证成本评估方法”。担保使得养老金受益人有经济利益，担保人必然要付出经济成本。对担保成本采用互换期权定价方法是研究担保问题的主要方式。本章在总结已有担保成本定价方法的基础上，对与市场利率产品挂钩的双限收益率担保成本评估公式分到期日和多期动态两种进行了理论推导。

第三章，“基本养老保险个人账户收益保证成本评估”。基本养老保险个人账户的担保收益率是由政府提供的担保，保证的成本也是由政府财政负担，而基本养老保险个人账户的收益保证成本是一个总体性行为，受到人口结构的影响。本章首先对制度内未来分年龄享受担保的人数进行预估，再对未来的经济变量预测采用计量经济学和模拟的方法获得，从而度量未来各年政府为个人账户提供收益保证的总成本。

第四章，“企业年金个人账户收益保证成本评估”。企业年金个人账户是企业为其员工所作的退休收益承诺，企业年金个人账户的保证成本评估采用数值计算和随机模拟两种方式，以微观个体为研究对象，分析不同担保期限、不同担保方式、不同方案职工保证成本大小，比较各种方案下保证成本的差异，并对影响成本的主要因素进行敏感性分析。

第五章，“个人账户收益保证成本的分担”。养老金投资风险的分散由政府建立担保制度，经济成本可以完全由政府承担，但是这样将出现道德风险，为了避免道德风险，可以考虑由养老金计划中不同主体进行分担。本章主要对担保成本的承担者、可能的承担方式，以及针对基本养老保险和企业年金分别提出不同的担保分担方式。

第六章，“政策建议与研究展望”。对本书的主要研究成果进行归纳总结，提出相应的政策建议。最后，说明本研究的局限性和有待继续研究的问题。

本书的框架图如图 1-2 所示：

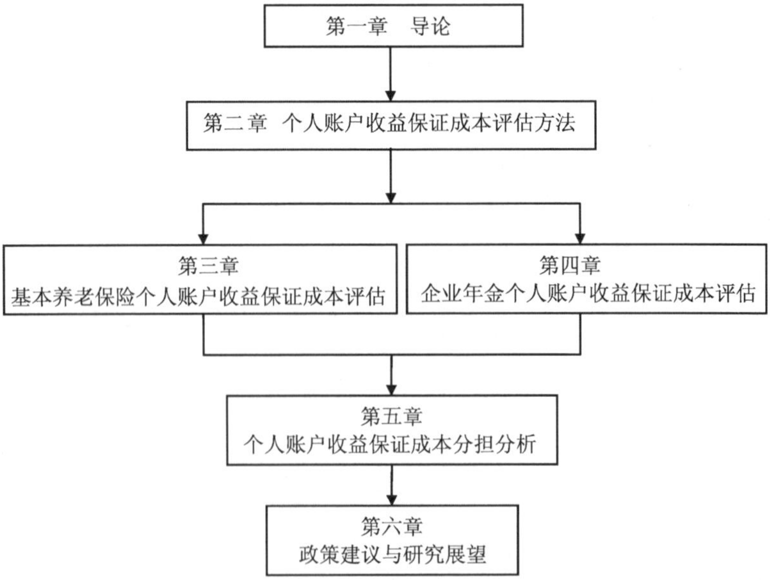

图 1-2　本书框架图

第四节 主要创新性工作

本书在前人研究的基础上，主要在以下四个方面进行了尝试和探索，并取得一定的创新性结果：

（1）推导符合中国国情的双限收益率担保成本评估数值计算公式，分为到期日和多期动态担保两种情况。双限收益率担保下限与 δ 年期银行定期存款利率关联，上限为固定收益率。该公式为双限收益率担保成本的计算提供很大的便利，为利率担保成本评估的理论发展起到一定的推动作用。

（2）基本养老保险个人账户收益保证制度构建和保证成本评估。针对我国基本养老保险个人账户，构建与现实和未来发展相符的两种收益保证制度。并对目前采用名义记账利率的个人账户收益保证的总成本进行精算测度，解决了政府对养老金部门隐性补贴中的收益保证成本统计计算工作，并且界定了名义记账利率的合理范围。

（3）企业年金个人账户收益保证方案设计和保证成本评估。对企业年金个人账户设计了不同的收益保证方案。采用第二章评估方法，计算提供各种担保方案所需担保成本，并进行关键参数的敏感性分析。通过分析，双限收益率担保的成本相对来说最小，并具有对参数变动稳定性高的特征。再一次验证第二章提出的双限收益率担保较为符合我国国情的结论。到目前为止，国内学者还没有对此项工作进行完整的评估。

（4）对担保成本如何分担进行系统、深入地分析。对不同的个人账户养老金进行保证成本评估解决了度量问题，但是成本该如何分担却较少有人深入研究。本书分析了个人账户养老金担保成本的影响因素、分担人和分担方式，并对我国基本养老保险个人账户及企业年金个人账户收益保障制度的构建、成本分担提出有针对性的建议，这对促进世界各国养老金收益保证制度的发展及在我国实施个人账户收益保证政策起到理论研究先行的作用。

第二章　个人账户基金收益保证成本评估方法

不管是对政府还是对养老金计划发起人来说，最低收益担保具有可持续性的最大障碍就是对担保成本的度量缺少透明度。因此在有效的假设下，如何进行系统和完整的成本分析非常重要。在世界各国养老金改革进程中，随着养老金的私有化，政府通常都承担一个最后的担保责任，因此政府为养老金提供担保责任的数量评估可以判断财政对养老金改革的一个隐性补贴，解决政府养老金担保的预算统计问题。对于养老金计划发起人能否提供长期可持续性的担保，更离不开担保成本的评估，受担保成本的约束，对养老金计划的设计也会产生一定的制约，同样这个成本也有可能部分转嫁给账户持有人。本章总结了各国担保成本评估方法的发展，就中国情况提出了更加符合实际的理论模型，并进行数值求解的推导过程，为收益担保成本的评估提供了更加精确的方法。

第一节　养老金收益担保制度的发展

为 DC 型养老金计划提供最低收益担保在各国的养老金改革中都是非常普遍的。从为养老金提供担保的发展来看，既有对收益水平也有对收益率进行的担保。收益水平担保是保证职工在退休时个人账户积累额不低于某一个值，这个值的大小和养老基金的投资收益没有必然关系。收益率担保有很多种形式，主要有确定性和随机性担保两种，前者称为绝对收益率担保，后者称为相对收益率担保。确定性的收益率一般设为某个固定的常数，随机性的收益率则设定和某一个基准挂钩，这个基准可以是和市场上投资组合收益率关联也可以是和市场上利率产品的收益变化关联。提供一个确定的绝对收益率担保看起来更像一个 DB 计划，如果这个值设定过低对计划参加者没有吸引力，如果设定过高计划发起人负担又太重。相对收益率担保则弥补了这个缺点，因此相对收益率担保是目前各个国家普遍采用的一种形式。担保收益率按照担保时间是否固定来划分主要包括两种基本类型：一种是到期日担保，这种情形下仅仅在职工退休时确保个人账户基金至少不低于每期都按最低的担保收益率积累的价值；另一种是多期动态担保，多期动态担保是确保每一期的投资收益率都不低于担保收益率，这样每一期都需要比较担保收益率和实际收益率的大小，选择两者中较大值进行积累。从直观上理解，多期动态担保比到期日担保对个人来说更有价值。

在担保成本定价中，担保成本值的大小和实际收益率、担保收益率、担保时间长短、缴费期限及提供什么形式的担保有关。以往的担保定价研究多集中在固定收益率担保和与市场投资组合收益率挂钩的相对收益率担保，固定收益率担保的文献详见 Brennan and Schwartz（1976），Boyle and Schwartz（1977），Boyle and Hardy（1997），Pesson and Aase（1997），Grosen and Jorgensen（1997，2000），Hansen and Miltersen（2002）和 Schrager and Pelsser（2004）。Ekern and Pesson（1996）和 Pennacchi（1999）利用或有支出对智利和乌拉圭提供的绝对和相对收益率担保进行定价，也对到期日担保和多期动态担保两种情况给出了担保成本的数值解公式。Lindset（2004）采用 HJM 利率框架给出了到期日的各种最低收益率担保模型，并推导出显式解。上述三篇文章主要是针对与市场投资组合收益率挂钩的相对收益率担保模型，然而与利率市场收益率基准挂钩的担保收益率的研究却很少。与市场组合收益率挂钩的担保定价和与市场利率产品收益率挂钩的担保分别属于股票衍生品和利率衍生品，对与利率关联的相对收益率担保的评估要比与股票市场收益率相关联担保评估原理复杂的多。因为养老基金投资组合收益率过程和利率过程都必须要被考虑进去。Chun-Hua Tang（2007）利用 HJM 利率随机化模型，推导出与 δ 年定期存款利率挂钩的担保成本定价模型的表达式，在假设远期利率波动率 $\sigma_f(t, T)=\sigma$ 的情况下推导出到期日和多期动态的担保成本定价模型的显式解，又进一步推导出 $\sigma_f(t, T)=\sigma\cdot\exp(-\lambda(T-t))$ 的情况下到期日利率担保和 $\delta=1$ 的情形多期动态的利率担保定价公式。Sharon S. Yang 等（2008）在此基础上进一步探讨了死亡率风险对担保成本的影响，以及关键参数的敏感性分析。由 HJM 框架推导出来的短期利率主要受到远期利率波动率设定形式的影响，不同的波动率设定形式就有不同的短期利率以及即期收益率的表达形式，推导出来的担保成本的定价公式也就有所不同。从现有文献关于 HJM 模型波动率设定来看，还有一些灵活的波动率设定形式，如 $\sigma\cdot f(t, T)$，$\sigma/(T-t+\delta)$，$\sigma\cdot f(t, T)^{1/2}$，$\sigma\cdot\min(f, M)$（$M$ 为某一固定值）等。从不同的波动率设定形式出发来推导利率担保定价公式，并与现有的两种结果做比较，是非常有意义的理论推广。在考虑最低收益率担保、为养老金受益人提供最低收益保障的同时，也出现一定程度的道德风险。因此对收益率仅仅设定最低值是不够的，还需要考虑设定一个上限值，以降低担保人由于承担最低收益担保而产生的部分成本。这在本章第五节会详细叙述。接下来先介绍固定收益率担保以及与市场投资组合收益率挂钩的担保定价模型，再对与利率市场收益率挂钩的担保定价模型进行拓展，最后给出双限收益率担保成本的定价公式。

第二节　固定的最低收益率担保定价

假设养老基金投资组合瞬时实际收益率为 dS_t/S_t，遵循以下的随机过程：

$$dS_t/S_t=\alpha_s dt+\sigma_s dz_s \tag{2.1}$$

α_s 是基金组合证券的期望收益率，一般情况下，α_s 允许随机变动。σ_s 是组合证券收益率的标准差，σ_s 假设是常数。dz_s 是一维标准的维纳过程。假定存在一个常数的无风险收益率等于 r 。最低固定收益率担保值等于 m ，如果这个担保开始的初始时间为0时刻，终止时间是 τ 时刻。担保值可以通过标准 $B-S$ 看跌期权执行价格为 $X=S_0e^{m\tau}$ ，S_0 代表养老基金组合证券的当前价值。那么最低固定收益率担保值可以表示为：

$$\begin{aligned}H&=Xe^{-r\tau}N(-d_2)-S_0N(-d_1)=S_0e^{m\tau-r\tau}N(-d_2)-S_0N(-d_1)\\&=S_0[e^{m\tau-r\tau}N(-d_2)-N(-d_1)]\\&=S_0h(\tau)\end{aligned} \tag{2.2}$$

其中 $d_1=(r-m+\frac{\sigma_s^2\tau}{2})/(\sigma_s\sqrt{\tau})$

$d_2=d_1-\sigma_s\sqrt{\tau}$

因为执行价格是 S_0 的一定比例，期权价值（担保价值）也是 S_0 的一定比例。现在考虑一个最低收益率担保在未来某一特定年份 y 开始，终止于 τ 年。因此担保就是在期间 y 到 $y+\tau$ 期间的最低收益率 m 。设当前时点为0，这个担保的当前价值为 $H(0,\ y,\ \tau)$ 。这种类型的担保和远期开始期权比较相似：执行价格为 $X=S(y)e^{m\tau}$ ，和担保开始时间的价值 $S(y)$ 成比例，尽管这个执行价格在当前时间是不知道的。这种类型的期权的定价能够利用风险中性技术：Cox 和 Ross（1976），Harrison 和 Kreps（1979）的等价鞅定价理论。在无套利条件下，可以用风险中性概率度量方法表示：

$$H(0,\ y,\ \tau)=e^{-ry}\tilde{E}_0[S(y)h(\tau)]=e^{-ry}h(\tau)\tilde{E}_0[S(y)] \tag{2.3}$$

$\tilde{E}_0[.]$ 是在风险中性测度条件下在0时刻的期望值。换句话说，这个期望值可以通过假设养老基金组合收益率期望值用无风险收益率来计算，也就是 $\alpha_s=r$ 。在这个条件下 $\tilde{E}_0[S(y)]=S_0e^{ry}$ ，S 是养老金证券在当前0时刻的价值。更一般的情形，如果假设允许养老基金由于净缴费以一定比例 g 增加，那么 $\tilde{E}_0[S(y)]=S_0e^{ry+gy}$ ，把这个等式代入方程（2.3），那么

$$H(0,\ y,\ \tau) = h(\tau) S_0 e^{gy} \tag{2.4}$$

如果这个担保以一年为基础提供连续 n 年的担保，那么担保的价值等于

$$H_n = S_0 h(1) \sum_{y=0}^{n-1} e^{gy} \tag{2.5}$$

如果年担保值是绝对正值，那就是说 $h(1) > 0$，基金的实际增长率非负，$g \geqslant 0$，这个担保值随着 $n \to \infty$而变得没有边界，一个现实意义就是警惕担保人是否要提供长期的担保，即使养老金资产价值在不断增长。

第三节　与市场组合收益率挂钩的担保定价

假设相对的最低收益率是由市场上养老基金行业平均收益率决定。一个给定的养老基金收益率服从公式（2.1），并且所有的养老基金平均收益率 ds_a/S_a 服从一个相似的随机过程：

$$ds_a/S_a = \alpha_a dt + \sigma_a dz_a \tag{2.6}$$

在公式（2.6）的基础上，考虑两个参考的基金，价值分别为 X 和 V，这两个参考的养老基金为担保价格的决定提供一个基准。

参考基金 1：$dX/X = (\alpha_a - q_x) dt + \sigma_a dz_a$　(2.7)

参考基金 2：$dV/V = (\beta\alpha_a - c) dt + \beta\sigma_a dz_a = (\alpha_v - q_v) dt + \beta\sigma_a dz_a$　(2.8)

假设过程 X 和过程 S_a 相同，但收益率比平均收益率低 q_x，过程 V 和过程 S_a 相似，但是增量是 S_a 的 β 倍，并减去一个额外的 c。在无套利的情况下，过程（2.8）的漂移项可以写成 $a_v - q_v$，

$$\alpha_v = \alpha_a - (1-\beta)\varphi\sigma_a,\ q_v = (1-\beta)(\alpha_a - \varphi\sigma_a) + c = (1-\beta) r(t) + c \tag{2.9}$$

c 为养老基金必须保持的用来防止偿付能力不足时的自有资本率，φ 是 dz_a 过程的风险的市场价格，$r(t)$ 是无风险利率[1]。对于一个特定的养老基金担保

---

[1] 如果我们把 $\alpha_a = r + \varphi\sigma_a$，那么在无套利定价下，$V$ 必须满足 $\alpha_v = r(t) + \varphi\beta\sigma_a$，替换 r，$\alpha_v = \alpha_a - (1-\beta)\varphi\sigma_a$，因此如果 $\beta\alpha_a - c = \alpha_v - q_v$，替换 α_v，则 $q_v = (1-\beta)(\alpha_a - \varphi\sigma_a) + c = (1-\beta) r(t) + c$

给付可以被写成公式（2.1）和（2.7）和（2.8）。记 X 的收益率为 $a+c$ 低于养老基金行业平均值，而 V 是养老基金平均收益率的一半减去 c。那么相对收益率担保开始于时间 y 终止于时间 τ 和一个欧式的养老金资产互换期权相似。在 $y+\tau$ 时刻，资产价值为 $S(y+\tau)$，得到 $\min[X(y+\tau),\ V(y+\tau)]$。设在 y 时刻 $S(y)=X(y)=V(y)$ 这个担保期权价格和两种风险资产互换的期权定价相似。遵循 Margrabe1978 年的推导，需要对参考基金用 S 进行标准化，定义 $x=X/S$，$v=V/S$ 应用伊藤引理，它们分别满足：

$$\begin{aligned} dx/x &= (\alpha_a - q_x - \alpha_s + \sigma_s^2 - \sigma_a\sigma_s\rho)dt + \sigma_a dz_a - \sigma_s dz_s \\ &= (\alpha_1 - q_x)dt + \sigma_1 dz_1 \end{aligned} \tag{2.10}$$

$$\alpha_1 \equiv \alpha_a - \alpha_s + \sigma_s^2 - \sigma_a\sigma_s\rho$$

$$\sigma_1^2 \equiv \sigma_a^2 - \sigma_s^2 - 2\rho\sigma_a\sigma_s$$

$$\begin{aligned} dv/v &= (\alpha_v - q_v - \alpha_s + \sigma_s^2 - \beta\sigma_a\sigma_s\rho)dt + \beta\sigma_a dz_a - \sigma_s dz_s \\ &= (\alpha_2 - q_x)dt + \sigma_2 dz_2 \end{aligned} \tag{2.11}$$

$$\alpha_2 \equiv \alpha_v - \alpha_s + \sigma_s^2 - \beta\sigma_a\sigma_s\rho$$

$$\sigma_2^2 \equiv \beta^2\sigma_a^2 + \sigma_s^2 - 2\rho\beta\sigma_a\sigma_s$$

$$dz_1 dz_2 = \rho_{12} dt$$

$$\rho_{12} = (\beta\sigma_a^2 - \sigma_a\sigma_s\rho(1+\beta) + \sigma_s^2)/(\sigma_1\sigma_2)$$

通过标准化，在风险中性概率测度下，这个担保期权价值等于：

$$S(y).\min[x(y+\tau),\ v(y+\tau)] \tag{2.12}$$

而 x 和 v 各自的收益率为 q_x 和 q_v，无风险利率是 0，期权执行价格是 1。这个 0 收益率和 1 的执行价格是被 S 标准化的结果。

现在假定 y 是当前日期，X，S，V 为三种基金资产的当前值（已知），对于两种资产最小值看涨期权的价值可以通过 Stulz 1982 和 Johnson 1987 年给出：

$$S[xe^{-q_x\tau}N_2(\gamma_1+\sigma_1\sqrt{\tau},\frac{\ln(v/x)+(q_x-q_v-0.5\sigma^2)\tau}{\sigma\sqrt{\tau}},\frac{\rho_{12}\sigma_2-\sigma_1}{\sigma})$$
$$+ve^{-q_x\tau}N_2(\gamma_2+\sigma_2\sqrt{\tau},\frac{\ln(v/x)+(q_v-q_x-0.5\sigma^2)\tau}{\sigma\sqrt{\tau}},\frac{\rho_{12}\sigma_1-\sigma_2}{\sigma})$$
$$-N_2(\gamma_1,\gamma_2,\rho_{12})] \tag{2.13}$$

$$\gamma_1=[\ln(x)-(q_x+1/2\sigma_1^2)\tau]/(\sigma_1\sqrt{\tau})$$

$$\gamma_2=[\ln(v)-(q_v+1/2\sigma_2^2)\tau]/(\sigma_2\sqrt{\tau})$$

$$\sigma^2\equiv\sigma_1^2+\sigma_2^2-2\rho_{12}\sigma_1\sigma_2+\sigma_a^2(1-\beta)^2$$

$$\sigma=\sigma_a(1-\beta)$$

$N(.,.,.)$ 为二维正态分布函数。

由于假设在时间 y，$S(y)=X(y)=V(y)$，那么 x 和 v 等于 1，式（2.12）可以简化为：

$$S[e^{-q_x\tau}N_2(\frac{-q_x}{\sigma_1\sqrt{\tau}}+1/2\sigma_1\sqrt{\tau},\frac{(q_x-q_v-0.5\sigma^2)\tau}{\sigma\sqrt{\tau}},\frac{\rho_{12}\sigma_2-\sigma_1}{\sigma})$$
$$+e^{-q_x\tau}N_2(\frac{-q_v}{\sigma_2\sqrt{\tau}}+1/2\sigma_2\sqrt{\tau},\frac{(q_v-q_x-0.5\sigma^2)\tau}{\sigma\sqrt{\tau}},\frac{\rho_{12}\sigma_1-\sigma_2}{\sigma})$$
$$-N_2(\frac{-q_x}{\sigma_1\sqrt{\tau}}+1/2\sigma_1\sqrt{\tau},\frac{-q_v}{\sigma_2\sqrt{\tau}}+1/2\sigma_2\sqrt{\tau},\rho_{12})]$$
$$\equiv Sh(\tau) \tag{2.14}$$

在以往的固定最低收益率担保的例子中，我们看出这个担保也是 S 的一定比例，因此类似的担保收益率持续时间为 y 到 $y+\tau$，当前时刻为 0，那么用 $H(0,\ y,\ \tau)$ 表示这个担保价格的现值。则从 y 到 $y+\tau$ 时刻担保最低收益率的期权现值为：

$$H(0,\ y,\ \tau)=h(\tau)Se^{gy} \tag{2.15}$$

如果政府在每年都提供最低收益率担保，那么 $\tau=1$，则担保的总价值为

$$H_n = S_0 h(1) \sum_{y=0}^{n-1} e^{gy} \tag{2.16}$$

和固定收益率担保一样，相对收益率担保如果在 $h(1) > 0$，$g > 0$ 的条件下当 $h \to \infty$ 时，担保值也是没有边界的[1]。

第四节　与市场利率产品挂钩的担保定价

一、相对利率担保结构

在 *DC* 养老金计划提供相对收益率担保的情形下，缴费期间养老基金的积累值将依赖于缴费、投资表现和担保收益率以及工作年限。我们分析和 t 时刻开始 δ 年到期的即期市场利率关联的相对担保收益率，这是基于市场利率收益率提供的担保，因此定价的过程需要考虑投资组合遵循的随机过程，也需要考虑利率遵循的随机过程，这种情况利率不仅是一个随机过程，也用来作为贴现利率。担保有到期日担保 MG(Maturity Guarantee) 和多期动态担保（Multi – Period Guarantee）两种方式，分别记作 $MG-I$ 和 $MG-II$。我们进一步假定投资组合价格变化遵循几何布朗运动，利率期限结构采用的是一因素的 Heath，Jarrow，and Morton(HJM) 模型，假设雇员缴费是其年度工资的一定比例，雇员工资每年都有所增长。为了更加精确地表达两种类型担保的最终给付，我们用 c 表示缴费率，Y_0 表示初始工资，k 为年度工资增长率，r_t 为 t 时刻在投资组合下的瞬时收益率。$\bar{R}(t, t+\delta)$ 为 t 时刻 δ 年到期的定期存款利率，也就是养老基金的最低担保收益率。

那么养老基金的值经过 T 年的积累后，$MG-I$ 情形的个人账户退休积累值为：

---

[1] 推导的详细过程见 George G. Pennacchi1999 "The Value of Guarantees on Pension Fund Returns. *The Journal of Risk and Insurance*, Vol. 66, No. 2, pp. 219–237.

$$M_T(I) = \sum_{n=1}^{T} c \cdot Y_0 \cdot (1+k)^{n-1} \max\left[\prod_{t=n}^{T} \exp(\bar{R}(t, t+\delta)), \prod_{t=n}^{T} \exp(R_t) \right]$$
$$= \sum_{n=1}^{T} c \cdot Y_0 \cdot (1+k)^{n-1} \cdot \left\{ \max\left[\prod_{t=n}^{T} \exp(\bar{R}(t, t+\delta)) - \prod_{t=n}^{T} \exp(R_t), 0 \right] + \prod_{t=n}^{T} \exp(R_t) \right\} \tag{2.17}$$

为了评估 DC 计划中的利率担保价值，我们首先评估每单位担保的价值，定义 $\pi_T^{(n)}(I)$ 为 $MG-I$ 担保在第 n 年 1 元缴费在 T 年的担保价值，$n \leqslant T$。那么 $\pi_T^{(n)}(I)$ 的值为：

$$\pi_T^{(n)}(I) = \max\left[\prod_{t=n}^{T} \exp(\bar{R}(t, t+\delta)) - \prod_{t=n}^{T} \exp(R_t), 0 \right] \tag{2.18}$$

养老基金的值经过 T 年的积累后，$MG-II$ 的个人账户退休积累值为：

$$M_T(II) = \sum_{n=1}^{T} c \cdot Y_0 \cdot (1+k)^{n-1} \prod_{t=n}^{T} \max\left[\exp(\bar{R}(t, t+\delta)), \exp(R_t) \right]$$
$$= \sum_{n=1}^{T} c \cdot Y_0 \cdot (1+k)^{n-1} \cdot \left\{ \left[\prod_{t=n}^{T} \max\left[\exp(\bar{R}(t, t+\delta)), \exp(R_t) \right] - \prod_{t=n}^{T} \exp(R_t) \right] + \prod_{t=n}^{T} \exp(R_t) \right\} \tag{2.19}$$

为了评估嵌在 DC 计划中的利率担保价值，我们首先评估每单位担保的价值，定义 $\pi_T^{(n)}(II)$ 为 $MG-II$ 担保在第 n 年 1 元缴费在 T 年的担保价值，$n \leqslant T$。那么 $\pi_T^{(n)}(II)$ 的值为：

$$\pi_T^{(n)}(II) = \left[\prod_{t=n}^{T} \max\left[\exp(\bar{R}(t, t+\delta)), \exp(R_t) \right] - \prod_{t=n}^{T} \exp(R_t) \right] \tag{2.20}$$

二、金融模型设定

1. 投资组合收益率模型

假定投资组合 S 在风险中性测度下市场价值遵循以下的随机过程

$$dS_t/S_t = r_t dt + \sigma_s dZ_t \quad (2.21)$$

式（2.21）中 r_t 是投资组合的无风险收益率，$\sigma_S \in R^+$ 是投资组合的波动率，Z_t 是在风险中性测度 Q 下一维的标准布朗运动。投资组合在 i 期的投资收益率为 $R_i = \ln(\frac{S_i}{S_{i-1}})$，$i=1, 2, \cdots, T$，当 S 遵循几何布朗运动时，R_i 服从正态分布。

2. 利率模型

因为设定的最低收益率担保是和未来 δ 年定期存款的即期利率挂钩，我们假设利率的期限结构演化由一因子 *HJM*（1992）框架给出。*HJM* 框架描述了远期利率曲线在风险中性测度下的动态过程。*HJM* 模型直接设定衍生产品波动率在一定期限内的具体函数形式，状态变量选整条收益率曲线，并假设出初始的远期利率曲线，在此假设下拟合当前的远期利率曲线。市场对未来的预期包含在远期利率曲线中。因而市场对未来的预期及随机利率变化在 *HJM* 模型中对衍生产品价格起到了决定作用[1]。

如果以 $f(t, T)$ 表示在 t 时刻观察到的 T 时刻的瞬态远期利率，则在 *HJM* 框架下，$f(t, T)$ 在风险中性概率测度下满足：

$$df(t, T) = u_f(t, T)dt + \sigma_f(t, T)dW_t \quad (2.22)$$

W_t 是在 Q 测度下一维的标准布朗运动，$u_f(t, T)$ 是漂移项，$\sigma_f(t, T)$ 是到期日为 T 的远期利率的瞬时波动率，r_t 为 t 时刻的瞬时利率，根据 *HJM* 模型：

$$r(t) = f(t, t) = f(0, t) + \int_0^t \mu_f(s, t)ds + \int_0^t \sigma_f(s, t)dW_s \quad (2.23)$$

在这个框架下，到期日为 T 时刻的零息票债券可以通过式（2.24）计算得到

[1] 鲁昌．债券利率期限结构——理论与经验研究，工作论文，2002，第 13 页。对此性质的论述读者可参阅希思，杰罗和摩顿（1992，P95）。

$$P(t,\ T) = \exp\left[-\int_t^T f(t,\ s)\mathrm{d}s\right] \tag{2.24}$$

HJM 框架同样推导出漂移项和波动率直接的关系：

$u_f(t,\ T) = \sigma_f(t,\ T)\int_t^T \sigma_f(t,\ x)\mathrm{d}x$，那么远期利率在风险中性概率测度下就变成：

$$\mathrm{d}f(t,\ T) = \left(\sigma_f(t,\ T)\int_t^T \sigma_f(t,\ x)\mathrm{d}x\right)\mathrm{d}t + \sigma_f(t,\ T)\mathrm{d}W_t \tag{2.25}$$

决定 *HJM* 框架利率期限结构模型的关键因素是远期利率波动率因子 $\sigma_f(t,\ T)$，一个特定的波动率结构对应一个特定的 *HJM* 利率模型。唐俊华(2007), Sharon S. Yang 等（2008）给出波动率别为 σ 和 $\sigma \cdot \exp(-\lambda(T-t))$ 两种波动率结构下担保期权的定价公式，结果带有一定的特殊性。因为不同的波动率设定形式就得到不同利率期限结构，因而担保收益率的表达形式也就有所不同，最终影响着担保期权是否具有显式解。实际上波动率的设定形式有很多种，如 $\sigma \cdot f(t,\ T)$，$\sigma \cdot f(t,\ T)^{1/2}$，$\sigma \cdot \min(f,\ M)$（$M$ 为某一固定值），$\sigma/(T-t+\delta)$，$\sigma_0+\sigma_1(T-t)$，$\sigma \cdot \exp(-f(t,\ T))$，$[\sigma_0+\sigma_1(T-t)] \cdot f(t,\ T)$ 等形式（Anjun Zhou，2002；Cairns，2004）。如果针对这些波动率设定形式能够寻找到具有一般意义下的担保定价公式，将更具有广泛性和适用性。但是通过本书的研究，结果并没有达到预期的效果。经过研究发现，当 $\sigma \cdot f(t,\ T)$、$\sigma \cdot f(t,\ T)^{1/2}$、$\sigma \cdot \min(f,\ M)$（$M$ 为某一固定值）和 $\sigma \cdot \exp(-f(t,\ T))$ 时，不存在封闭的解析解，$\sigma/(T-t+\delta)$ 情形下存在半解析解，$[\sigma_0+\sigma_1(T-t)] \cdot f(t,\ T)$ 还有待于进一步的验证。由于针对常见的几种波动率设定形式，没有获得具有封闭形式下的解析解，所以在这里相对利率担保的评估方法仍采用唐俊华（2007）波动率为常数的形式。下面给出两种到期方式下相对利率担保的定价公式，具体推导参考（唐俊华，2007）。

三、相对利率担保成本评估

1. 到期日担保

$\pi_T^{(n)}(I)$ 为第一种类型担保在第 n 年 1 元缴费在 T 年的担保价值。则在 0

时刻 $\pi_T^{(n)}(I)$ 的现值为 $\pi_0^{(n)}(I)$，$\pi_0^{(n)}(I)$ 的值为❶：

$$\pi_0^{(n)}(I) = \left[A_{10}^{(n)}\Phi(d_1^{(n)}) - A_{20}^{(n)}\Phi(d_2^{(n)})\right] \tag{2.26}$$

$$A_{10}^{(n)} = \exp\left\{g_2(n,\ T) + \frac{\sigma_f{}^2}{6}[T + n(n-1)(n-2)]\right\}$$

$$A_{20}^{(n)} = exp[-\int_0^{n-1} f(0,\ u)du]$$

$$g_1(t) = \frac{-\ln P(0,\ t+\delta) + \ln P(0,\ t)}{\delta} + \frac{\sigma_f{}^2}{2}t(t+\delta)$$

$$g_2(n,\ T) = \left(\sum_{t=n}^{T} g_1(t)\right) - \int_0^T f(0,\ u)\mathrm{d}u - \frac{\sigma_f{}^2 T^3}{6}$$

$$\mathrm{d}_1^{(n)} = \frac{\ln(A_{10}^{(n)}/A_{20}^{(n)}) + (\hat{\sigma}^{(n)})^2 T/2}{(\hat{\sigma}^{(n)})\sqrt{T}},$$

$$\mathrm{d}_2^{(n)} = \mathrm{d}_1^{(n)} - (\hat{\sigma}^{(n)})\sqrt{T},$$

$$(\hat{\sigma}^{(n)})2T = (T - n + 1)\left(\frac{\sigma_f{}^2}{3} + \sigma_s^2 - \rho\sigma\sigma_s\right) \tag{2.27}$$

$\Phi(\cdot)$ 表示服从标准正态分布的累积概率密度函数。在考虑每年的缴费最终达到积累，那么在第一种类型下担保值为：

$$M_0(I) = \sum_{n=1}^{T} c \cdot Y_0 \cdot (1+k)^{n-1}\pi_0^{(n)}(I) \tag{2.28}$$

2. 多期动态担保

$\pi_T^{(n)}(II)$ 为第二种类型担保在第 n 年 1 元缴费在 T 年的担保价值。则在 0 时刻 $\pi_T^{(n)}(II)$ 的现值为 $\pi_0^{(n)}(II)$，$\pi_0^{(n)}(II)$ 的值为❷：

---

❶ 推导过程见唐俊华．附收益率保证确定缴费制退休金计划之研究，博士学位论文，台湾：台湾大学，2007 年，12—18。

❷ 推导过程见唐俊华．附收益率保证确定缴费制退休金计划之研究，博士学位论文，台湾：台湾大学，2007 年，19—23。

$$\pi_0^{(n)}(II) = A_{30}^{(n)} - A_{20}^{(n)} \tag{2.29}$$

$$A_{30}^{(n)} = \left\{\prod_{t=n}^{T}\left[\exp\left(g_3(t) + \frac{\sigma_f^2}{6}\right) \cdot \Phi(d_{3t}) - \Phi(d_{4t}) + 1\right]\right\} \cdot \exp\left[-\int_0^{n-1} f(0, u)\mathrm{d}u\right]$$

$$A_{20}^{(n)} = \exp\left[-\int_0^{n-1} f(0, u)\mathrm{d}u\right]$$

$$d_{3t} = \frac{g_3(t) + \frac{\sigma_f^2}{6} + (\tilde{\sigma}_t)^2 t/2}{(\tilde{\sigma}_t)\sqrt{t}}, \quad d_{4t} = d_{5t} - (\tilde{\sigma}_t)\sqrt{t}$$

$$g_1(t) = \frac{-\ln P(0, t+\delta) + \ln P(0, t)}{\delta} + \frac{{\sigma_f}^2}{2} t(t+\delta)$$

$$g_3(t) = -\int_{t-1}^{t} f(0, u)\mathrm{d}u - \frac{\sigma_f^2(3t^2 - 3t + 1)}{6} + g_1(t) \tag{2.30}$$

$$(\tilde{\sigma}_t)^2 t = \frac{\sigma_f^2}{3} + \sigma_s^2 - \rho\sigma_f \cdot \sigma_s$$

$\Phi(\cdot)$ 表示服从标准正态分布的累积概率密度函数。在考虑每年的缴费最终达到积累，那么在第二种类型下担保值为：

$$M_0(II) = \sum_{n=1}^{T} c \cdot Y_0 \cdot (1+k)^{n-1} \pi_0^{(n)}(II) \tag{2.31}$$

第五节　双限收益率担保定价

一、双限收益率担保引入思想

为养老基金投资收益提供最低收益（率）担保，对计划发起人或者担保人来说是一份或有负债，这份或有负债会随着担保收益率大小而发生变化。如果满足个人提供最低收益保障的同时又能够减少担保人的负债，则可以通过再设定一个担保收益上限来达到，也就是设定双限收益率担保。双限收益率担保的思想来自双限期权对风险资产的保险。双限期权是一种期权策略，它将投资组合的价值限定在上下两个界限内，投资者资产可以获得一定范围的保障。双限期权既可以获得相对稳定收益，又不至于冒过大风险的特点，与养老基金所追求的管理目标不谋而合。从担保人角度，双限收益保障模式在负担一份或有负债的同时，还拥有一份或有收益，从而可以降低担保的成本。从博弈角度，收益保证上限的设定，可以抑制投机心理，降低道德风险。从实践角度，匈牙利第二支柱养老金投资收益监管采用的是双限收益率担保模式。当然其担保收益率上下限都是绝对收益率，这样缺少一定的灵活性，尤其是下限的设定如果过低，对个人账户拥有者不具有足够的吸引力，如果过高则担保成本太高。

本节在最低收益率担保模式的基础上，建立双限收益率担保模式。在双限收益保障模式下，计划发起人为计划参加者提供相对的最低收益保障，为基金投资收益规定一个上限，如果投资收益超过这一上限，超额盈余部分纳入储备基金以弥补收益率低于最低担保收益率时的情形。本书的双限收益率担保是由相对收益率担保下限和绝对收益率担保上限组成。当然担保上限也可以设定相对收益率担保形式，本书仅讨论上限为绝对收益率担保情形，至于担保上限的各种设定方式可以作为以后进一步研究的方向。担保下限是与市场利率挂钩的相对收益率，设定为t时刻开始δ年到期的定期存款利率，是变动的值。担保上限为固定收益率水平，记作R_c。如果养老基金投资收益率超过R_c，个人账户按照R_c的投资收益率进行积累。接下来从担保结构及金融模型设定推导双限收益率担保成本的表达式。

二、双限收益率担保结构

设定的双限收益率担保（简称“双限担保”）下限与δ年到期的定期存款利率挂钩，分到期日和多期动态两种情况。其他的变量如缴费率、工资增长率等设定同前。没有特别说明，前后相同符号表示相同的意思。

在双限担保情形下，养老基金经过 T 年的积累后，第一种类型下的个人账户退休积累值为：

$$
\begin{aligned}
&M_T(I)\\
&=\sum_{n=1}^{T} c\cdot Y_0\cdot(1+k)^{n-1}\min\{\max[\prod_{t=n}^{T}\exp(\bar{R}(t,\ t+\delta)),\ \prod_{t=n}^{T}\exp(R_t)],\ \prod_{t=n}^{T}\exp(R_c)\}\\
&=\sum_{n=1}^{T} c\cdot Y_0\cdot(1+k)^{n-1}\{\max[\prod_{t=n}^{T}\exp(\bar{R}(t,\ t+\delta)),\ \prod_{t=n}^{T}\exp(R_t)]+\min(\prod_{t=n}^{T}\exp(R_c)\\
&-\max[\prod_{t=n}^{T}\exp(\bar{R}(t,\ t+\delta)),\ \prod_{t=n}^{T}\exp(R_t)],\ 0)\}\\
&=\sum_{n=1}^{T} c\cdot Y_0\cdot(1+k)^{n-1}\{\prod_{t=n}^{T}\exp(R_t)+\max(\prod_{t=n}^{T}\exp(\bar{R}(t,\ t+\delta))-\prod_{t=n}^{T}\exp(R_t),\ 0)\\
&+\min(\prod_{t=n}^{T}\exp(R_c)-\prod_{t=n}^{T}\exp(R_t),\ 0)\}
\end{aligned}
\tag{2.32}
$$

R_c 为常数的固定收益率上限，且 $\bar{R}(t,\ t+\delta)<R_c$，

若 $\prod_{t=n}^{T}\exp(\bar{R}(t,\ t+\delta))>\prod_{t=n}^{T}\exp(R_t)$，则

$\min\{\prod_{t=n}^{T}\exp(R_c)-\max[\prod_{t=n}^{T}\exp(\bar{R}(t,\ t+\delta)),\ \prod_{t=n}^{T}\exp(R_t)],\ 0\}=0$，

因此只需考虑 $\min(\prod_{t=n}^{T}\exp(R_c)-\prod_{t=n}^{T}\exp(R_t),\ 0)$ 的情况。

为了评估嵌在DC计划中的利率担保价值，我们首先评估每单位担保的价值，定义 $\pi_T^{(n)}(I)$ 为第一种类型担保在第 n 年1元缴费在 T 年的担保价值，$n\leqslant T$。那么 $\pi_T^{(n)}(I)$ 的值为：

$$
\begin{aligned}
\pi_T^{(n)}(I)&=\max[\prod_{t=n}^{T}\exp(\bar{R}(t,\ t+\delta))-\prod_{t=n}^{T}\exp(R_t),\ 0]+\min[\prod_{t=n}^{T}\exp(R_c)-\\
&\prod_{t=n}^{T}\exp(R_t),\ 0]\\
&=\max[\prod_{t=n}^{T}\exp(\bar{R}(t,\ t+\delta))-\prod_{t=n}^{T}\exp(R_t),\ 0]-\max[\prod_{t=n}^{T}\exp(R_t)-\\
&\prod_{t=n}^{T}\exp(R_c),\ 0]
\end{aligned}
\tag{2.33}
$$

在双限担保情形下，养老基金的值经过 T 年的积累后，第二种类型的个人账户退休积累值为：

$$M_T^{(II)} = \sum_{n=1}^{T} c \cdot Y_0 \cdot (1+k)^{n-1} \prod_{t=n}^{T} \min\{\max[\exp(\bar{R}(t,t+\delta)),\exp(R_t)],\exp(R_c)\}$$

$$= \sum_{n=1}^{T} c \cdot Y_0 \cdot (1+k)^{n-1}\{[\prod_{t=n}^{T}[\max[\exp(\bar{R}(t,t+\delta)),\exp(R_t)]$$

$$+\min\{(\exp(R_c)-\max[\exp(\bar{R}(t,t+\delta)),\exp(R_t)]),0\}]-\prod_{t=n}^{T}\exp(R_t)]+\prod_{t=n}^{T}\exp(R_t)\}$$

$$= \sum_{n=1}^{T} c \cdot Y_0 \cdot (1+k)^{n-1}\{[\prod_{t=n}^{T}[\max[\exp(\bar{R}(t,t+\delta)),\exp(R_t)]$$

$$+\min\{(\exp(R_c)-\exp(R_t)),0\}]-\prod_{t=n}^{T}\exp(R_t)]+\prod_{t=n}^{T}\exp(R_t)\}$$

$$= \sum_{n=1}^{T} c \cdot Y_0 \cdot (1+k)^{n-1}\{[\prod_{t=n}^{T}[\exp(R_t)+\max[(\exp(\bar{R}(t,t+\delta)-\exp(R_t)),0]$$

$$+\min[(\exp(R_c)-\exp(R_t)),0]]-\prod_{t=n}^{T}\exp(R_t)]+\prod_{t=n}^{T}\exp(R_t)\} \quad (2.34)$$

为了评估嵌在 DC 计划中的利率担保价值，我们首先评估每单位担保的价值，定义 $\pi_T^{(n)}(II)$ 为第二种类型担保在第 n 年 1 元缴费在 T 年的担保价值，$n \leqslant T$ 。那么 $\pi_T^{(n)}(II)$ 的值为：

$$\prod_{t=n}^{T}[\exp(R_t)+\max[(\exp(\bar{R}(t,\ t+\delta)-\exp(R_t)),\ 0]+\min[(\exp(R_c)-\exp(R_t)),\ 0]]-\prod_{t=n}^{T}\exp(R_t) \quad (2.35)$$

三、金融模型设定

1\. 投资组合收益率模型

假定投资组合 S_t 在风险中性测度下市场价值遵循以下的随机过程：

$$dS_t/S_t = r_t dt + \sigma_s dZ_t \quad (2.36)$$

式（2.31）中 r_t 是投资组合的无风险收益率，$\sigma_S \in R^+$ 是投资组合的波动率，Z_t 是在风险中性测度 Q 下一维的标准布朗运动。投资组合在 i 期的投资收益率为 $R_i=\ln(\frac{S_i}{S_{i-1}})$，$i=1, 2, \cdots, T$，当 S 遵循几何布朗运动时，R_i 服从正态分布。

2. 利率模型

利率模型采用 HJM 框架来推导短期利率和即期收益率。根据 Heath 等（1992），在风险中性测度下瞬时远期收益率模型为：

$$\mathrm{d}f(t, T)=\left(\sigma_f(t, T)\int_t^T\sigma_f(t, x)\,\mathrm{d}x\right)dt+\sigma_f(t, T)\,\mathrm{d}W_t \tag{2.37}$$

$t\leqslant T$，$\{W_t: t\geqslant 0\}$ 是一维的 Q 测度下布朗运动，和 Z_t 之间是相关的，并且满足对于所有 $\rho\in[-1, +1]$，$\mathrm{d}W_t\mathrm{d}Z_t=\rho\mathrm{d}t$。因此，在考虑另一个独立于 W_t 的标准一维 Q 测度布朗运动 $W_t{}'$，我们可以改写 $\mathrm{d}Z_t=\rho\mathrm{d}W_t+\sqrt{1-\rho^2}\mathrm{d}W'_t$，波动率因子在 HJM 模型中起到重要作用，在这里我们假定 $\sigma_f(t, T)$ 是常数，也就是 $\sigma_f(t, T)=\sigma_f>0$，那么上述远期收益率公式就可以改写为：

$$\mathrm{d}f(t, T)=(\sigma_f^2(T-t))\,\mathrm{d}t+\sigma_t\mathrm{d}W_t \tag{2.38}$$

常数波动率因子的 HJM 模型可以被视为连续时间 Ho - Lee 模型的极限。根据上述公式，可以求出：

$$f(t, T)=f(0, T)+\sigma^2(T-t/2)+\sigma W_t \tag{2.39}$$

$$r_t=f(0, t)+\frac{\sigma^2t^2}{2}+\sigma W_t \tag{2.40}$$

在时间 t 到期日为 $t+\delta$ 的零息票债券价格是：

$$P(t, t+\delta)=\exp\left[-\int_t^{t+\delta}f(t, s)\,\mathrm{d}s\right]=\frac{P(0, t+\delta)}{P(0, t)}\cdot\exp\left[-\frac{\sigma^2}{2}t\delta(t+\delta)-\sigma\delta W_t\right] \tag{2.41}$$

$$P(0, t)=\exp\left[-\int_0^t f(0, s)\,\mathrm{d}s\right] \tag{2.42}$$

那么时间 t 到期日为 $t+\delta$ 的零息票债券即期收益率为：

$$\bar{R}(t,\ t+\delta)=-\frac{\ln P(t,\ t+\delta)}{(t+\delta)-t}=\frac{-\ln P(0,\ t+\delta)+\ln P(0,\ t)+\frac{\sigma^2}{2}t\delta(t+\delta)+\sigma\delta W_t}{\delta}$$

$$=g_1(t)+\sigma W_t \tag{2.43}$$

$g_1(t)=\dfrac{-\ln P(0,\ t+\delta)+\ln P(0,\ t)}{\delta}+\dfrac{\sigma^2}{2}t(t+\delta)$，从这个表达式我们知道担保收益率 $\bar{R}(t,\ t+\delta)$ 是服从正态分布的。

四、双限收益率担保成本评估

1. 到期日担保

定义 $\pi_T^{(n)}(I)$ 为第一种类型担保在第 n 年 1 元缴费在 T 年的担保价值，$n\leqslant T$。$\pi_T^{(n)}(I)$ 的表达式为：

$$\pi_T^{(n)}(I)=\max\left[\prod_{t=n}^{T}\exp(\bar{R}(t,\ t+\delta))-\prod_{t=n}^{T}\exp(R_t),\ 0\right]-\max\left[\prod_{t=n}^{T}\exp(R_t)-\prod_{t=n}^{T}\exp(R_c),\ 0\right] \tag{2.44}$$

令 $A_{1T}^{(n)}=\prod_{t=n}^{T}\exp(\bar{R}(t,\ t+\delta))$，$A_{2T}^{(n)}=\prod_{t=n}^{T}\exp(R_t)$，$A_{3T}^{(n)}=\prod_{t=n}^{T}\exp(R_c)$

R_c 是一个固定的担保收益率上限。则：

$$\pi_T^{(n)}(I)=\max[A_{1T}^{(n)}-A_{2T}^{(n)},\ 0]-\max[A_{2T}^{(n)}-A_{3T}^{(n)},\ 0]=\pi_{1T}^{(n)}(I)-\pi_{2T}^{(n)}(I) \tag{2.45}$$

定理 1：$\pi_T^{(n)}(I)$ 为第一种类型担保在第 n 年 1 元缴费在 T 年的担保价值。则在 0 时刻 $\pi_T^{(n)}(I)$ 的现值为 $\pi_0^{(n)}(I)$，$\pi_0^{(n)}(I)$ 的值为：

$$\pi_0^{(n)}(I)=[A_{10}^{(n)}\Phi(d_1^{(n)})-A_{20}^{(n)}\Phi(d_2^{(n)})]-[A_{20}^{(n)}\Phi(d_3^{(n)})-A_{30}^{(n)}\Phi(d_4^{(n)})] \tag{2.46}$$

$$A_{10}^{(n)}=\exp\left\{g_2(n,\ T)+\frac{\sigma_f{}^2}{6}[T+n(n-1)(n-2)]\right\}$$

$$A_{20}^{(n)} = \exp[-\int_0^{n-1} f(0, u)\mathrm{d}u]$$

$$A_{30}^{(n)} == \exp\left[g_3(n, T) + \frac{\sigma_f^2 \cdot T^3}{6}\right]$$

$$g_1(t) = \frac{-\ln P(0, t+\delta) + \ln P(0, t)}{\delta} + \frac{\sigma_f{}^2}{2} t(t+\delta)$$

$$g_2(n, T) = \left(\sum_{t=n}^{T} g_1(t)\right) - \int_0^T f(0, u)\mathrm{d}u - \frac{\sigma_f{}^2 T^3}{6}$$

$$g_3(n, T) = (T-n+1) \cdot R_c - \int_0^T f(0, u)\mathrm{d}u - \frac{\sigma_f{}^2 T^3}{6}$$

$$\mathrm{d}_1^{(n)} = \frac{\ln(A_{10}^{(n)}/A_{20}^{(n)}) + (\hat{\sigma}^{(n)})^2 T/2}{(\hat{\sigma}^{(n)})\sqrt{T}}, \quad d_2^{(n)} = d_1^{(n)} - (\hat{\sigma}^{(n)})\sqrt{T}$$

$$\mathrm{d}_3^{(n)} = \frac{\ln(A_{20}^{(n)}/A_{30}^{(n)}) + (\hat{\sigma}'^{(n)})^2 T/2}{(\hat{\sigma}'^{(n)})\sqrt{T}}, \quad d_4^{(n)} = d_3^{(n)} - (\hat{\sigma}'^{(n)})\sqrt{T}$$

$$(\hat{\sigma}^{(n)})2T = (T-n+1)\left(\frac{\sigma_f{}^2}{3} + \sigma_s^2 - \rho\sigma\sigma_s\right)$$

$$(\hat{\sigma}'^{(n)})2T = \sigma_f{}^2\left[\frac{T^3}{3} + \frac{(n-1)^3}{3} - \frac{(n-1)^2(3T-n+1)}{3}\right] + \sigma_s^2(T-n+1)$$

$$+\rho\sigma_f\sigma_s(T-n+1)^2$$

$\Phi(\cdot)$ 表示服从标准正态分布的累积概率密度函数。在考虑每年的缴费最终达到积累，那么在第一种类型下担保值为：

$$M_0(I) = \sum_{n=1}^{T} c \cdot Y_0 \cdot (1+k)^{n-1} \pi_0^{(n)}(I) \tag{2.47}$$

证明：$\pi_T^{(n)}(I)$ 可以把它分成两个期权来分别求解，第一个期权 $\pi_{1T}^{(n)}(I)$ 的求解见唐俊华（2007），接下来我们证明第二个期权 $\pi_{2T}^{(n)}(I)$ 的初始值为：

$$[A_{20}^{(n)}\Phi(d_3^{(n)}) - A_{30}^{(n)}\Phi(d_4^{(n)})] \tag{2.48}$$

（1）求解 $\pi_{2T}^{(n)}(I)$ 的初始值表达式。

由 $\pi_{2T}^{(n)}(I) = \max[A_{2T}^{(n)} - A_{3T}^{(n)}, 0]$，那么这个等式两边同时除以 $A_{3T}^{(n)}$，则有：

$$\frac{\pi_{2T}^{(n)}(I)}{A_{3T}^{(n)}} = \max\left[\frac{(A_{2T}^{(n)} - A_{2T}^{(n)}, 0)}{A_{2T}^{(n)}}\right] = \max\left[\left(\frac{A_{2T}^{(n)}}{A_{2T}^{(n)}} - 1\right), 0\right] \tag{2.49}$$

根据 Margrabe（1978），在等价鞅测度下有以下等式成立：

$$\frac{\pi_{20}^{(n)}(I)}{A_{30}^{(n)}} = E_0^{\hat{P}}\left[\frac{\pi_{2T}^{(n)}(I)}{A_{3T}^{(n)}}\right] \tag{2.50}$$

$E_0^{\hat{P}}$ 表示在 $\hat{P}$ 风险中性概率测度下市场信息在 0 时刻的条件期望函数。这个等式表明 $\frac{\pi_{2T}^{(n)}(I)}{A_{3T}^{(n)}}$ 在 $\hat{P}$ 概率测度下是一个鞅过程。所以有：

$$\pi_{20}^{(n)}(I) = A_{30}^{(n)} \cdot E_0^{\hat{P}}\left[\max\left[\left(\frac{A_{2T}^{(n)}}{A_{3T}^{(n)}} - 1\right), 0\right]\right] \tag{2.51}$$

$\frac{A_{2T}^{(n)}}{A_{3T}^{(n)}}$ 看作一种新的金融资产，服从对数正态分布，那么 $\max[(\frac{A_{2T}^{(n)}}{A_{3T}^{(n)}} - 1), 0]$ 看作在 T 时刻到期日执行价格为 1 的期权价值，根据 *John C. Hull*（2000）期权

定价公式，我们可以得出：

$$\pi_{20}^{(n)}(I) = A_{30}^{(n)}\left[\frac{A_{20}^{(n)}}{A_{30}^{(n)}}\Phi(d_3^{(n)}) - \Phi(d_4^{(n)})\right] = [A_{20}^{(n)}\Phi(d_3^{(n)}) - A_{30}^{(n)}\Phi(d_4^{(n)})] \tag{2.52}$$

$A_{20}^{(n)}$ 是 $A_{2T}^{(n)}$ 在 0 时刻的价格，$A_{30}^{(n)}$ 是 $A_{3T}^{(n)}$ 在 0 时刻的价格，

$$d_3^{(n)} = \frac{\ln(A_{20}^{(n)}/A_{30}^{(n)}) + (\hat{\sigma}'^{(n)})^2 T/2}{(\hat{\sigma}'^{(n)})\sqrt{T}}$$

$$d_4^{(n)} = d_3^{(n)} - (\hat{\sigma}'^{(n)})\sqrt{T}$$

$$(\hat{\sigma}'^{(n)})^2 T = \mathrm{Var}_0^Q[\ln(A_{2T}^{(n)}/A_{3T}^{(n)})]$$

$$= \mathrm{Var}_0^Q \ln(A_{2T}^{(n)}) + \mathrm{Var}_0^Q \ln(A_{3T}^{(n)}) - 2\mathrm{Cov}(\ln(A_{2T}^{(n)}), \ln(A_{3T}^{(n)}))$$

$A_{3T}^{(n)}$ 是一个常数，所以 $\mathrm{Var}_0^Q[\ln(A_{2T}^{(n)}/A_{3T}^{(n)})] = \mathrm{Var}_0^Q \ln(A_{2T}^{(n)})$。

（2）计算 $A_{2T}^{(n)}$ 在 0 时刻的价格 $A_{20}^{(n)}$。

$$A_{20}^{(n)} = E_0^Q[A_{2T}^{(n)} B_T^{-1}] = E_0^Q\left[\prod_{t=n}^{T} \exp(R_t) \cdot B_T^{-1}\right] = E_0^Q\left[\frac{S_T}{S_{n-1}} B_T^{-1}\right] \tag{2.53}$$

$$= E_0^Q\left[\frac{S_0 \cdot \exp\left(\int_0^T r_u \mathrm{d}u - \frac{1}{2}\sigma_s^2 T + \sigma_s Z_T\right)}{S_0 \cdot \exp\left(\int_0^{n-1} r_u \mathrm{d}u - \frac{1}{2}\sigma_s^2 (n-1) + \sigma_s Z_{n-1}\right)} \cdot \exp\left(-\int_0^T r_u \mathrm{d}u\right)\right]$$

$$= E_0^Q\left[\exp\left(-\int_0^{n-1} r_u \mathrm{d}u - \frac{1}{2}\sigma_S^2 (T-n+1) + \sigma_S (Z_T - Z_{n-1})\right)\right]$$

$$= E_0^Q\left\{\exp\left(-\int_0^{n-1} f(0, u)\mathrm{d}u - \frac{\sigma_f^2 (n-1)^3}{6} - \sigma_f \cdot \int_0^{n-1} W_u \mathrm{d}u - \frac{1}{2}\sigma_S^2 (T - n+1) + \sigma_S \cdot \int_{n-1}^{T} \mathrm{d}Z_u\right)\right\}$$

令 $l(n, T) = -\int_0^{n-1} f(0, u)\mathrm{d}u - \frac{\sigma_f^2 (n-1)^3}{6} - \frac{1}{2}\sigma_S^2 (T-n+1)$

$$= E_0^Q\left\{\exp\left(l(n, T) - \sigma_f \cdot \int_0^{n-1} W_u \mathrm{d}u + \sigma_S \cdot \int_{n-1}^{T} \mathrm{d}Z_u\right)\right\}$$

$$= E_0^Q\left\{\exp\left(l(n, T) - \sigma_f \cdot \int_0^{n-1} (n-1-u)\mathrm{d}W_u + \sigma_S \cdot \int_{n-1}^{T} \mathrm{d}Z_u\right)\right\}$$

$$= \exp\left\{l(n, T) + \frac{1}{2}\mathrm{Var}_0^Q\left[-\sigma_f \cdot \int_0^{n-1} (n-1-u)\mathrm{d}W_u + \sigma_S \cdot \int_{n-1}^{T} \mathrm{d}Z_u\right]\right\}$$

$$= \exp\left\{l(n, T) + \frac{1}{2}\mathrm{Var}_0^Q\left[-\sigma_f \cdot \int_0^{n-1} (n-1-u)\mathrm{d}W_u\right] + \frac{1}{2}\mathrm{Var}_0^Q\left[\sigma_S \cdot \int_{n-1}^{T} \mathrm{d}Z_u\right]\right\}$$

$$= \exp\left[l(n, T) + \frac{1}{2}\sigma_f^2 \cdot \int_0^{n-1} (n-1-u)^2 \mathrm{d}u + \frac{1}{2}\sigma_S^2 \cdot \int_{n-1}^{T} \mathrm{d}u\right]$$

$$= \exp\left[l(n, T) + \frac{1}{6}\sigma_f^2 \cdot (n-1)^3 + \frac{1}{2}\sigma_S^2 \cdot (T-n+1)\right]$$

$$= \exp[-\int_0^{n-1} f(0, u)\mathrm{d}u]$$

(3) 计算 $A_{3T}^{(n)}$ 在0时刻的价格 $A_{30}^{(n)}$。

$$A_{30}^{(n)} = E_0^Q[A_{3T}^{(n)} B_T^{-1}] = E_0^Q[\prod_{t=n}^{T} \exp(R_c) \cdot B_T^{-1}]$$

$$= E_0^Q[\prod_{t=n}^{T} \exp(R_c) \cdot \exp\left(-\int_0^T r_u \mathrm{d}u\right)]$$

$$= E_0^Q\left\{\exp\left[(T-n+1) \cdot R_c - \int_0^T f(0, u)\mathrm{d}u - \frac{\sigma_f{}^2 T^3}{6} - \sigma_f \cdot \int_0^T W_u \mathrm{d}u\right]\right\} \quad (2.54)$$

令 $g_3(n, T) = (T-n+1) \cdot R_c - \int_0^T f(0, u)\mathrm{d}u - \frac{\sigma_f^2 T^3}{6}$

$$= E_0^Q\left\{\exp\left[g_3(n, T) - \sigma_f \cdot \int_0^T W_u \mathrm{d}u\right]\right\}$$

$$= \exp\left[g_3(n, T) + \frac{1}{2} Var_0^Q(-\sigma_f \cdot \int_0^T W_u \mathrm{d}u)\right]$$

$$= \exp\left[g_3(n, T) + \frac{1}{2} Var_0^Q(-\sigma_f \cdot \int_0^T (T-u)\mathrm{d}W_u)\right]$$

$$= \exp\left[g_3(n, T) + \frac{1}{2}\sigma_f{}^2 \cdot \int_0^T (T-u)^2 \mathrm{d}u\right]$$

$$= \exp\left[g_3(n, T) + \frac{\sigma_f^2 \cdot T^3}{6}\right]$$

$$= \exp\left[(T-n+1) \cdot R_c - \int_0^T f(0, u)\mathrm{d}u\right]$$

(4) 计算 $\mathrm{Var}_0^Q \ln(A_{2T}^{(n)})$。

$$\mathrm{Var}_0^Q \ln(A_{2T}^{(n)}) = \mathrm{Var}_0^Q\left[\ln(\frac{S_T}{S_{n-1}})\right] \quad (2.55)$$

$$= \mathrm{Var}_0^Q\left\{\ln\left[\frac{S_0 \cdot \exp\left(\int_0^T r_u \mathrm{d}u - \frac{1}{2}\sigma_S^2 T + \sigma_S Z_T\right)}{S_0 \cdot \exp\left(\int_0^{n-1} r_u \mathrm{d}u - \frac{1}{2}\sigma_S^2 (n-1) + \sigma_S Z_{n-1}\right)}\right]\right\}$$

$$= \mathrm{Var}_0^Q\left\{\ln\left[\sigma_f \cdot \int_{n-1}^{T} W_u \mathrm{d}u + \sigma_S \cdot \int_{n-1}^{T} \mathrm{d}Z_u\right]\right\}$$

$$= \sigma_f{}^2 \cdot \mathrm{Var}_0^Q\left[\int_0^T (T-u)\mathrm{d}W_u - \int_0^{n-1}(n-1-u)\mathrm{d}W_u\right] + \sigma_s{}^2 \cdot \mathrm{Var}_0^Q\left[\int_{n-1}^{T} \mathrm{d}Z_u\right]$$

$$+ 2\sigma_f \cdot \sigma_s \cdot \mathrm{Cov}\left[\int_0^T (T-u)\mathrm{d}W_u - \int_0^{n-1}(n-1-u)\mathrm{d}W_u,\ \rho\int_{n-1}^{T} \mathrm{d}W_u\right]$$

$$= \sigma_f{}^2\left\{\mathrm{Var}_0^Q\left[\int_0^T (T-u)\mathrm{d}W_u\right] + \mathrm{Var}_0^Q\left[\int_0^{n-1}(n-1-u)\mathrm{d}W_u\right]\right.$$

$$\left.- 2\mathrm{Cov}_0^Q\left[\int_0^T (T-u)\mathrm{d}W_u,\ \int_0^{n-1}(n-1-u)\mathrm{d}W_u\right]\right\} + \sigma_s{}^2 \cdot \mathrm{Var}_0^Q\left[\int_{n-1}^{T} \mathrm{d}Z_u\right]$$

$$+ 2\rho \cdot \sigma_f \cdot \sigma_s \cdot \mathrm{Cov}_0^Q\left[\int_{n-1}^{T} (T-u)\mathrm{d}W_u,\ \int_{n-1}^{T} \mathrm{d}W_u\right]$$

$$= \sigma_f{}^2\left\{\left[\int_0^T (T-u)^2 \mathrm{d}u\right] + \left[\int_0^{n-1}(n-1-u)^2 \mathrm{d}u\right]\right.$$

$$\left.- 2\left[\int_0^{n-1}(T-u)(n-1-u)\mathrm{d}u\right]\right\}$$

$$+ \sigma_s{}^2 \cdot \int_{n-1}^{T} \mathrm{d}u + 2\rho \cdot \sigma_f \cdot \sigma_s \cdot \int_{n-1}^{T} (T-u)\mathrm{d}u$$

$$= \sigma_f{}^2\left\{\frac{T^3}{3} + \frac{(n-1)^3}{3} - \frac{(n-1)^2(3T-n+1)}{3}\right\}$$

$$+ \sigma_s{}^2 \cdot (T-n+1) + \rho \cdot \sigma_f \cdot \sigma_s \cdot ({}^T - n + 1)2$$

2. 多期动态担保

定义 $\pi_T^{(n)}(II)$ 为第二种类型担保在第 n 年1元缴费在 T 年的担保价值，$n \leqslant T$。$\pi_T^{(n)}(II)$ 的表达式为：

$$\prod_{t=n}^{T}\left[\exp(R_t) + \max[(\exp(\bar{R}(t,\ t+\delta)) - \exp(R_t)),\ 0] + \min[(\exp(R_c) - \exp(R_t)),\ 0]\right] - \prod_{t=n}^{T}\exp(R_t) \tag{2.56}$$

$$A_{4T}^{(n)} = \prod_{t=n}^{T}\left[\exp(R_t) + \max[(\exp(\bar{R}(t,\ t+\delta) - \exp(R_t)),\ 0] + \right.$$

min[(exp(R_c) − exp(R_t)), 0]] $A_{2T}^{(n)} = \prod_{t=n}^{T} \exp(R_t)$ 则

$$\pi_T^{(n)}(II) = A_{4T}^{(n)} - A_{2T}^{(n)} \tag{2.57}$$

定理2：$\pi_T^{(n)}(II)$ 为第二种类型担保在第 n 年1元缴费在 T 年的担保价值。则在0时刻 $\pi_T^{(n)}(II)$ 的现值为 $\pi_0^{(n)}(II)$，$\pi_0^{(n)}(II)$ 的值为：

$$\pi_0^{(n)}(II) = A_{40}^{(n)} - A_{20}^{(n)} \tag{2.58}$$

其中：

$$A_{40}^{(n)} = \left\{\prod_{t=n}^{T}\left[1 + [\exp(g_4(t) + \frac{\sigma_f^2}{6})\Phi(d_{5t}) - \Phi(d_{6t})] - [\Phi(d_{7t}) - \exp(g_5(t) + \frac{\sigma_f^2}{6}(3t-2))\Phi(d_{8t})]\right]\right\} * \exp[-\int_0^{n-1} f(0, u)\mathrm{d}u]$$

$$A_{20}^{(n)} = \exp[-\int_0^{n-1} f(0, u)\mathrm{d}u]$$

$$d_{5t} = \frac{g_4(t) + \frac{\sigma_f^2}{6} + (\tilde{\sigma}_t)^2 t/2}{(\tilde{\sigma}_t)\sqrt{t}}, \quad d_{6t} = d_{5t} - (\tilde{\sigma}_t)\sqrt{t}$$

$$d_{7t} = \frac{-g_5(t) - \frac{\sigma_f^2}{6}(3t-2) + (\breve{\sigma}_t)^2 t/2}{(\breve{\sigma}_t)\sqrt{t}}, \quad d_{8t} = d_{7t} - (\breve{\sigma}_t)\sqrt{t}$$

$$g_1(t) = \frac{-\ln P(0, t+\delta) + \ln P(0, t)}{\delta} + \frac{\sigma_f{}^2}{2} t(t+\delta)$$

$$g_4(t) = -\int_{t-1}^{t} f(0, u)du - \frac{\sigma_f^2(3t^2 - 3t + 1)}{6} + g_1(t)$$

$$g_5(t) = R_c - \int_{t-1}^{t} f(0, u)du - \frac{\sigma_f^2(3t^2 - 3t + 1)}{6}$$

$$(\tilde{\sigma}_t)^2 t = \frac{\sigma_f^2}{3} + \sigma_s^2 - \rho\sigma_f \cdot \sigma_s$$

$$(\breve{\sigma}_t)^2 t = \frac{1}{3}\sigma_f^2(3t-2) + \sigma_s^2 - \rho\sigma_f\sigma_s \tag{2.59}$$

$\Phi(\cdot)$ 表示服从标准正态分布的累积概率密度函数。在考虑每年的缴费最终达到积累，那么在第二种类型下担保值为：

$$V_0(II) = \sum_{n=1}^{T} c \cdot Y_0 \cdot (1+k)^{n-1} \pi_0^{(n)}(II) \tag{2.60}$$

证明：$A_{2T}^{(n)}$ 在 0 时刻的初值 $A_{20}^{(n)}$ 在前面已经推导。现在只需要推导 $A_{4T}^{(n)}$ 在 0 时刻的初值 $A_{40}^{(n)}$ 。

(1) $A_{40}^{(n)}$ 的简化表达式。

$$A_{40}^{(n)} = E_0^Q[A_{4T}^{(n)} \cdot B_T^{-1}] \tag{2.61}$$

$$= E_0^Q\left\{\prod_{t=n}^{T} \min\{\max[\exp(\bar{R}(t, t+\delta)), \exp(R_t)], \exp(R_c)\} . \exp\left(-\int_0^T r_u \mathrm{d}u\right)\right\}$$

$$= E_0^Q\left\{\prod_{t=n}^{T} \min\left\{\max[\exp(\bar{R}(t, t+\delta), \frac{S_t}{S_{t-1}}], \exp(R_c)\right\} \cdot \exp\left(-\int_0^T r_u \mathrm{d}u\right)\right\}$$

$$= E_0^Q\left\{\prod_{t=n}^{T} \min\left[\max[\exp(g_1(t) + \sigma_f \cdot W_t), \exp(\int_{t-1}^{t} r_u \mathrm{d}u - \frac{1}{2}\sigma_s^2 + \sigma_s \int_{t-1}^{t} \mathrm{d}Z_u)], \exp(R_c)\right] \cdot \exp\left(-\int_0^T r_u \mathrm{d}u\right)\right\}$$

$$= E_0^Q\left\{\prod_{t=n}^{T} \min\left[\max[\exp(g_1(t) + \sigma_f \cdot W_t), \exp(\int_{t-1}^{t} r_u \mathrm{d}u - \frac{1}{2}\sigma_s^2 + \sigma_s \int_{t-1}^{t} \mathrm{d}Z_u)], \exp(R_c)\right] \cdot \prod_{t=n}^{T} \exp\left(-\int_{t-1}^{t} r_u \mathrm{d}u\right) \cdot \exp\left(-\int_0^{n-1} r_u \mathrm{d}u\right)\right\}$$

$$= E_0^Q\left\{\prod_{t=n}^{T} \min\left[\max[\exp(-\int_{t-1}^{t} r_u \mathrm{d}u + g_1(t) + \sigma_f \cdot W_t), \exp(-\frac{1}{2}\sigma_s^2 + \sigma_s \int_{t-1}^{t} \mathrm{d}Z_u)], \exp(R_c - \int_{t-1}^{t} r_u \mathrm{d}u)\right] \cdot \exp\left(-\int_0^{n-1} r_u \mathrm{d}u\right)\right\}$$

$$= E_0^Q\left\{\prod_{t=n}^{T} \min\left[\max[\exp(-\int_{t-1}^{t} r_u \mathrm{d}u + g_1(t) + \sigma_f \cdot W_t), \exp(-\frac{1}{2}\sigma_s^2 + \sigma_s \int_{t-1}^{t} \mathrm{d}Z_u)], \exp(R_c - \int_{t-1}^{t} r_u \mathrm{d}u)\right] \cdot \exp\left(-\int_0^{n-1} r_u \mathrm{d}u\right)\right\}$$

（令 $Y_{1t}=\exp(-\int_{t-1}^{t} r_u du+g_1(t)+\sigma_f\cdot W_t)$；$Y_{2t}=\exp(-\frac{1}{2}\sigma_s^2+\sigma_s\cdot\int_{t-1}^{t} dZ_u)$；$Y_{3t}=\exp(R_c-\int_{t-1}^{t} r_u du)$）

$$=E_0^Q\left\{\prod_{t=n}^{T}\min[\max[(Y_{1t},\ Y_{2t}),\ Y_{3t}]]\cdot\exp\left(-\int_0^{n-1} r_u du\right)\right\}$$

$$=E_0^Q\left\{\prod_{t=n}^{T}\min[\max[(Y_{1t},\ Y_{2t}),\ Y_{3t}]\right\}\cdot E_0^Q\left[\exp\left(-\int_0^{n-1} r_u du\right)\right]$$

$$=E_0^Q\left\{\prod_{t=n}^{T}\left[Y_{2t}+\max[(Y_{1t}-Y_{2t}),\ 0]-\max[(Y_{2t}-Y_{3t}),\ 0]\right]\right\}\cdot E_0^Q\left[\exp\left(-\int_0^{n-1} r_u du\right)\right]$$

（因为 $E_0^Q\left[\exp\left(-\int_0^{n-1} r_u du\right)\right]=\exp[-\int_0^{n-1} f(0,\ u)du]$）

$$=\prod_{t=n}^{T}E_0^Q\left[Y_{2t}+\max[(Y_{1t}-Y_{2t}),\ 0]-\max[(Y_{2t}-Y_{3t}),\ 0]\right]\cdot\exp[-\int_0^{n-1} f(0,\ u)du]$$

（2）求解 $A_{40}^{(n)}$。

要求 $A_{40}^{(n)}$ 的值，只需要求 $E_0^Q[Y_{2t}+\max[(Y_{1t}-Y_{2t}),\ 0]-\max[(Y_{2t}-Y_{3t}),\ 0]]$ 的值。

$$E_0^Q\left[Y_{2t}+\max[(Y_{1t}-Y_{2t}),\ 0]-\max[(Y_{2t}-Y_{3t}),\ 0]\right] \tag{2.62}$$

$$=E_0^Q(Y_{2t})+E_0^Q\left[\max[(Y_{1t}-Y_{2t}),\ 0]\right]-E_0^Q\left[\max[(Y_{2t}-Y_{3t}),\ 0]\right]$$

下面分别求：$E_0^Q\left[\max[(Y_{1t}-Y_{2t}),\ 0]\right]$，$E_0^Q\left[\max[(Y_{2t}-Y_{3t}),\ 0]\right]$。

$$①\ E_0^Q\left[\max[(Y_{1t}-Y_{2t}),\ 0]\right]=E_0^Q\left[\max[(Y_{1t}B_t-Y_{2t}B_t),\ 0]\cdot B_t^{-1}\right] \tag{2.63}$$

$Y_{1t}B_t$，$Y_{2t}B_t$ 服从对数正态分布，$\max[(Y_{1t}B_t-Y_{2t}B_t),\ 0]$ 可以看作在风险中性概率测度 Q 下，互换期权在 t 时刻行权的期权价值。假设市场无套利机会，这个期权在 0 时刻价值是唯一的，可以表示为 $E_0^Q\left[\max[(Y_{1t}B_t - Y_{2t}B_t), 0]\cdot B_t^{-1}\right]$，但是这里并不直接计算这个值。而是仍然采用 Margrabe（1978）的定价公式，这个或有支出在 0 时刻的价值可以表示为：$E_0^Q(Y_{1t})\Phi(d_{5t}) - E_0^Q(Y_{2t})\Phi(d_{6t})$，$E_0^Q(Y_{1t}B_t\cdot B_t^{-1})$ 是 $Y_{1t}B_t$ 在0时刻的价格，$E_0^Q(Y_{2t}B_t\cdot B_t^{-1})$ 是 $Y_{2t}B_t$ 在0时刻的价格。$d_{5t} = \dfrac{\ln\left[\dfrac{E_0^Q(Y_{1t})}{E_0^Q(Y_{2t})}\right] + (\tilde{\sigma}_t)^2 t/2}{(\tilde{\sigma}_t)\sqrt{t}}$，$d_{6t} = d_{5t} - (\tilde{\sigma}_t)\sqrt{t}$，$(\tilde{\sigma}_t)^2 t$ 被定义为 $Var_0^Q[\ln(Y_{1t}B_t/Y_{2t}B_t)] = Var_0^Q\left[\ln(\dfrac{Y_{1t}}{Y_{2t}})\right]$

所以 $E_0^Q[\max[(Y_{1t} - Y_{2t}), 0]] = E_0^Q(Y_{1t})\Phi(d_{5t}) - E_0^Q(Y_{2t})\Phi(d_{6t})$。

$$E_0^Q(Y_{1t}) = E_0^Q[\exp(-\int_{t-1}^{t} r_u \mathrm{d}u + g_1(t) + \sigma_f\cdot W_t)] \tag{2.64}$$

$$= E_0^Q[\exp(-\int_{t-1}^{t} f(0, u)\mathrm{d}u - \frac{\sigma_f^2\int_{t-1}^{t} u^2\mathrm{d}u}{2} - \int_{t-1}^{t}\sigma_f W_u\mathrm{d}u + g_1(t) + \sigma_f\cdot W_t)]$$

$$= E_0^Q[\exp(-\int_{t-1}^{t} f(0, u)\mathrm{d}u - \frac{\sigma_f^2\cdot(3t^2-3t+1)}{6} - \int_{t-1}^{t}\sigma_f W_u\mathrm{d}u + g_1(t) + \sigma_f\cdot W_t)]$$

$$(\text{令 } g_4(t) = -\int_{t-1}^{t} f(0, u)\mathrm{d}u - \frac{\sigma_f^2\cdot(3t^2-3t+1)}{6} + g_1(t))$$

$$= E_0^Q[\exp(g_4(t) + \int_{t-1}^{t}\sigma_f W_u\mathrm{d}u + \sigma_f\cdot W_t)]$$

$$= E_0^Q[\exp(g_4(t) + \sigma_f\int_{t-1}^{t}(u-t+1)\mathrm{d}W_u)]$$

$$= \exp[g_4(t) + \frac{1}{2}Var_0^Q(\sigma_f\int_{t-1}^{t}(u-t+1)\mathrm{d}W_u)]$$

$$= \exp[g_4(t) + \frac{1}{2}\sigma_f^2\int_{t-1}^{t}(u-t+1)^2\mathrm{d}u)]$$

$$= \exp[g_4(t) + \frac{1}{6}\sigma_f^2]$$

$$E_0^Q(Y_{2t}) = E_0^Q[\exp(-\frac{1}{2}\sigma_s^2 + \sigma_s\int_{t-1}^{t} dZ_u)]$$

$$= \exp[-\frac{1}{2}\sigma_s^2 + \frac{1}{2}Var_0^Q(\sigma_s\int_{t-1}^{t} dZ_u)]$$

$$= \exp[-\frac{1}{2}\sigma_s^2 + \frac{1}{2}\sigma_s^2\int_{t-1}^{t} du]$$

$$= \exp[-\frac{1}{2}\sigma_s^2 + \frac{1}{2}\sigma_s^2 \cdot 1] = 1$$

$$d_{5t} = \frac{\ln\left[\frac{E_0^Q(Y_{1t})}{E_0^Q(Y_{2t})}\right] + (\tilde{\sigma}_t)^2 t/2}{(\tilde{\sigma}_t)\sqrt{t}} = \frac{g_4(t) + \frac{\sigma_f^2}{6} + (\tilde{\sigma}_t)^2 t/2}{(\tilde{\sigma}_t)\sqrt{t}}$$

$$d_{6t} = d_{5t} - (\tilde{\sigma}_t)\sqrt{t}$$

$(\tilde{\sigma}_t)^2 t = Var_0^Q\left[\ln(\frac{Y_{1t}}{Y_{2t}})\right] = Var_0^Q\ln(Y_{1t}) + Var_0^Q\ln(Y_{2t}) - 2Cov_0^Q(\ln(Y_{1t}),$
$\ln(Y_{2t}))$

$$Var_0^Q\ln(Y_{1t}) = Var_0^Q(\sigma_f\int_{t-1}^{t}(u - t + 1)dW_u) = \frac{1}{3}\sigma_f^2$$

$$Var_0^Q\ln(Y_{2t}) = Var_0^Q(\sigma_s\int_{t-1}^{t} dZ_u) = \sigma_s^2$$

$$Cov_0^Q(\ln(Y_{1t}), \ln(Y_{2t})) = Cov_0^Q(\sigma_f\int_{t-1}^{t}(u - t + 1)dW_u, \sigma_s\int_{t-1}^{t} dZ_u)$$

$$= Cov_0^Q(\sigma_f\int_{t-1}^{t}(u - t + 1)dW_u, \sigma_s\int_{t-1}^{t}\rho dW_u) = \frac{1}{2}\rho\sigma_f\sigma_s$$

所以 $(\tilde{\sigma}_t)^2 t = \frac{1}{3}\sigma_f^2 + \sigma_s^2 - \rho\sigma_f\sigma_s$。

② $E_0^Q[\max[(Y_{2t} - Y_{3t}), 0]] = E_0^Q[\max[(Y_{2t}B_t - Y_{3t}B_t), 0] \cdot B_t^{-1}]$ (2.65)

$Y_{2t}B_t$，$Y_{3t}B_t$ 服从对数正态分布，$\max[(Y_{2t}B_t - Y_{3t}B_t)$ 也可以看做在风险中性概率测度 Q 下，互换期权在 t 时刻行权的期权价值。假设市场无套利机会，这个期权在 0 时刻价值是唯一的，可以表示为 $E_0^Q[\max[(Y_{2t}B_t - Y_{3t}B_t), 0] \cdot B_t^{-1}]$，仍然采用 Margrabe（1978）的定价公式，这个或有支出在 0 时刻的价值可以表示为：$E_0^Q(Y_{2t})\Phi(d_{7t}) - E_0^Q(Y_{3t})\Phi(d_{8t})$，$E_0^Q(Y_{2t}B_t \cdot B_t^{-1})$ 是 $Y_{2t}B_t$ 在 0 时刻的价格，$E_0^Q(Y_{3t}B_t \cdot B_t^{-1})$ 是 $Y_{3t}B_t$ 在 0 时刻的价格。

$$d_{7t} = \frac{\ln\left[\dfrac{E_0^Q(Y_{2t})}{E_0^Q(Y_{3t})}\right] + (\breve{\sigma}_t)^2 t/2}{(\breve{\sigma}_t)\sqrt{t}},\ d_{8t} = d_{7t} - (\breve{\sigma}_t)\sqrt{t}, \tag{2.66}$$

$(\breve{\sigma}_t)^2 t$ 被定义为 $Var_0^Q[\ln(Y_{2t}B_t/Y_{3t}B_t)] = Var_0^Q\left[\ln(\frac{Y_{2t}}{Y_{3t}})\right]$

所以 $E_0^Q[\max[(Y_{2t} - Y_{3t}),\ 0]] = E_0^Q(Y_{2t})\Phi(d_{7t}) - E_0^Q(Y_{3t})\Phi(d_{8t})$。

$$E_0^Q(Y_{3t}) = E_0^Q[\exp(R_c - \int_{t-1}^t r_u \mathrm{d}u)] \tag{2.67}$$

$$= E_0^Q[\exp(-\int_{t-1}^t f(0,\ u)\mathrm{d}u - \frac{\sigma_f^2 \int_{t-1}^t u^2 \mathrm{d}u}{2} - \int_{t-1}^t \sigma_f W_u \mathrm{d}u + R_c)]$$

$$= E_0^Q[\exp(-\int_{t-1}^t f(0,\ u)\mathrm{d}u - \frac{\sigma_f^2 \cdot (3t^2 - 3t + 1)}{6} - \int_{t-1}^t \sigma_f W_u \mathrm{d}u + R_c)]$$

$$(\text{令 } g_5(t) = -\int_{t-1}^t f(0,\ u)\mathrm{d}u - \frac{\sigma_f^2 \cdot (3t^2 - 3t + 1)}{6} + R_c)$$

$$= E_0^Q[\exp(g_5(t) - \sigma_f \int_{t-1}^t W_u \mathrm{d}u)]$$

$$= E_0^Q\left\{\exp\left[g_5(t) - \sigma_f[\int_0^t (t-u)\mathrm{d}W_u - \int_0^{t-1}(t-1-u)\mathrm{d}W_u]\right]\right\}$$

$$= \exp\left[g_5(t) + \frac{1}{2}Var_0^Q\left(\sigma_f[\int_0^t (t-u)\mathrm{d}W_u - \int_0^{t-1}(t-1-u)\mathrm{d}W_{u_t}]\right)\right]$$

$$= \exp\left\{g_5(t) + \frac{1}{2}\sigma_f^2\left[Var_0^Q[\int_0^t (t-u)\mathrm{d}W_u] + Var_0^Q(\int_0^{t-1}(t-1-u)\mathrm{d}W_u)\right.\right.$$

$$\left.\left. - 2Cov_0^Q(\int_0^t (t-u)\mathrm{d}W_u,\ \int_0^{t-1}(t-1-u)\mathrm{d}W_u)\right]\right\}$$

$$= \exp\left\{g_5(t) + \frac{1}{2}\sigma_f^2\left[[\int_0^t (t-u)^2\mathrm{d}u] + \int_0^{t-1}(t-1-u)^2\mathrm{d}u)\right.\right.$$

$$\left.\left. - 2(\int_0^{t-1}(t-u)\cdot(t-1-u)\mathrm{d}u)\right]\right\}$$

$$= \exp\left\{g_5(t) + \frac{1}{2}\sigma_f^2\left[\frac{1}{3}t^3 + \frac{1}{3}(t-1)^3 - 2\left[\frac{1}{3}(-1+t^3) + \frac{1}{2}(1-t^2)\right]\right]\right\}$$

$$= \exp\left\{g_5(t) + \frac{1}{2}\sigma_f^2\left[t - \frac{2}{3}\right]\right\}$$

$$= \exp\left[g_5(t) + \frac{1}{6}\sigma_f^2(3t-2)\right]$$

$$E_0^Q(Y_{2t}) = 1 \tag{2.68}$$

$$d_{7t} = \frac{\ln\left[\dfrac{E_0^Q(Y_{2t})}{E_0^Q(Y_{3t})}\right] + (\breve{\sigma}_t)^2 t/2}{(\breve{\sigma}_t)\sqrt{t}} = \frac{-g_5(t) - \dfrac{1}{6}\sigma_f^2(3t-2) + (\breve{\sigma}_t)^2 t/2}{(\breve{\sigma}_t)\sqrt{t}}$$

$$d_{8t} = d_{7t} - (\breve{\sigma}_t)\sqrt{t}$$

$$(\breve{\sigma}_t)^2 t = Var_0^Q[\ln(Y_{2t}B_t/Y_{3t}B_t)] = Var_0^Q\left[\ln(\frac{Y_{2t}}{Y_{3t}})\right]$$

$$= Var_0^Q\ln(Y_{2t}) + Var_0^Q\ln(Y_{3t}) - 2Cov_0^Q(\ln(Y_{2t}),\ \ln(Y_{3t}))$$

$$Var_0^Q\ln(Y_{2t}) = Var_0^Q(\sigma_s\int_{t-1}^t dZ_u) = \sigma_s^2$$

$$Var_0^Q\ln(Y_{3t}) = Var_0^Q\left(\sigma_f[\int_0^t(t-u)dW_u - \int_0^{t-1}(t-1-u)dW_u]\right) = \frac{1}{3}\sigma_f^2(3t-2)$$

$$Cov_0^Q(\ln(Y_{2t}),\ \ln(Y_{3t})) = Cov_0^Q(\ln(Y_{2t}),\ \ln(Y_{3t}))$$

$$= Cov_0^Q(\sigma_f[\int_0^t(t-u)dW_u - \int_0^{t-1}(t-1-u)dW_u],\ \sigma_s\int_{t-1}^t dZ_u)$$

$$Cov_0^Q(\sigma_f[\int_0^t(t-u)dW_u - \int_0^{t-1}(t-1-u)dW_u],\ \sigma_s\int_{t-1}^t \rho dW_u)$$

$$= \frac{1}{2}\rho\sigma_f\sigma_s$$

所以 $(\breve{\sigma}_t)^2 t = \frac{1}{3}\sigma_f^2(3t-2) + \sigma_s^2 - \rho\sigma_f\sigma_s$。 (2.69)

第六节　本章小结

本章叙述了养老金担保制度的发展历程及最新进展，然后依次介绍了固定的最低收益率担保、与市场组合收益率挂钩、与市场利率产品挂钩的担保定价方法。在此基础上，引入双限收益率担保的思想，并针对其中下限为相对利率担保收益率，上限为固定收益率的情形推导了担保成本评估的计算公式，为后面第四章的企业年金担保定价提供了便捷的计算方法。本章介绍的几种担保定价方法都是针对为某一个职工供担保而引起的担保成本，对于为所有个人账户受益人总体提供担保而产生的担保成本涉及和人口结构相关，评估总体收益担保成本的方法在下一章阐述。

第三章　基本养老保险个人账户收益保证成本评估

2000年以来，政府不断增加基本养老保险个人账户做实的试点省份，效果并不理想，多数省份个人账户基金仍处于空账运转状态。但这并不表明个人账户基金不需要保值和增值。从本质上讲个人账户资金所有权归参保个人，应该在保证基金积累的基础上进入资本市场，投资运作以达到资本的保值和增值。然而强制缴费并交由政府管理的个人账户只有缴费积累的记录，并无实际的资金。从某种意义上讲，个人账户的资金可以被理解为政府通过信用担保借出并用以支付现在退休人员的养老金。既然存在一种隐性借贷关系，并且考虑到资金具有时间价值，没有做实的个人账户资金保值和增值就须由政府承担。政府对个人账户资金提供名义的收益率担保，以保证个人在退休能够领取到一定水平的养老金，担保成本由政府财政支付，担保收益率大小决定了担保成本的高低。本章主要针对中国基本养老保险个人账户空账运行状况下，对政府提供名义收益率的担保成本进行评估。这是公共财政的一笔隐性债务，也是一个或有风险源，个人账户收益担保成本的度量是本章致力研究的问题。

第一节　基本养老保险个人账户介绍

一、个人账户基金发展基本情况

（一）个人账户基金发展历程和现状

中国的社会养老保险的发展历程是短暂的，从1950年到现在近60多年的时间经历了从无到有，从有到发展，从发展到改革，以及进一步完善的过程。从时间维度来看，我国社会养老保险发展由一系列的政策法规组成，伴随着政策法规的完善，社会养老保险制度也逐渐形成了符合中国国情的安全保障体系，其发展可以归结为5个阶段，各阶段的发展也都带有时代及其他改革进程的印记，具体见附表1–2。

现行城镇企业职工基本养老保险制度由三个层次组成，即基本养老保险计划、企业补充养老保险计划和个人储蓄型保险计划。第一个层次的基本养老保险计划在养老保险体系中占重要地位。城镇企业职工采用的是强制缴费、统账结合、部分积累的基本养老保险制度，其保障水平较低，覆盖面较广。养老保险体系中的第二个层次是企业补充养老保险计划，它由政府政策鼓励、企业自愿建立、企业和职工个人共同缴费为职工建立个人账户，通过商业机构运营、给付水平由缴费和投资收益率决定。目前我国只有极少数效益比较好的企业为职工办理了补充养老保险，仍处于零星发展的状态。第三个层次的养老保险计划是个人储蓄型保险计划，由劳动者个人通过购买商业保险公司的养老保险产品等方式实现。目前，我国商业养老保险的发展仍处于起步阶段和附属地位，水平很低。当前，我国各地区虽然都采取了“统账结合”的基本养老保险模式，但是各区域之间具体的制度设计存在着很大的差别，他们在筹资模式、管理模式、计发模式等方面大不相同（胡高喜，2009），核心问题之一是个人账户模式问题，个人账户名义化是现存问题中最基础也是最重要的一个问题。

从国际上来看，个人账户的模式可以采取不同的方式：新加坡中央公积金制度，做实的个人账户资金按照名义利率进行积累，而资金由中央政府集中管理投向国内的一些基础设施建设等；瑞典、意大利等国的名义账户模式，建立个人账户并记录所缴纳的保费和名义利息，参保个人缴纳的费用仍然用于已退休人员的退休金支出；智利等拉美国家的经验，把资金交由市场运作，放到资本市场去运营。尽管一些学者认为名义账户制度既能防范人口老龄化风险又能避免转制成本短期性支付，但是在名义账户制度下，退休金的充足性和“安全性”取决于个人账户记账的名义利率，可以看做是个人账户的“名义投资收益率”，这个没有交由资本市场投资运作的名义收益由政府担保支出，如果名义收益过低，退休金的水平达不到预期要求，如果名义收益过高，政府的责任并没有减少甚至有可能增加，那么改革有回归现收现付制度的倾向，并且政府将继续承担着巨大的财务压力。

从国内来看，孙祁祥等（2001）认为改变个人账户由“空账”到“实账”是改革成功的关键，转轨成本应该明确由政府承担，并对转轨持肯定态度。王燕等（2001）利用可计算一般均衡模型，假设三种情景，对现收现付制的养老金计划财务可持续性进行了模拟分析，结果表明：目前的现收现付制体系缺乏财务的可持续性。袁志刚（2001）认为只要最优储蓄率可以保证，养老金增长的源泉是一样的，无论计划采用现收现付制还是完全积累制。但是目前中国储蓄率相对最优储蓄率偏高，所以目前仍应采用现收现付制来降低资本存量。郑秉文（2003）认为中国应该采用和瑞典相似的“名义账户”制，在现阶段比较符合中国国情。易纲（2007）提出转型名义账户制概念，认为目前的个人账户自 2007 年以 5% 的增量做实比例为起点，每两年将做实比例增加一个百分点，通过约 40 年的时间完成增量做实，再用近 40 年左右的时间到 2080 年实现个人账户存量余额上的完全做实。2013 年 6 月中国金融四十人论坛发布《社会保障体制改革的方案设计》课题组成员均认同做实个人账户是未来改革的重要方向。

从现实情况看，1997 年养老金制度改革建立个人账户后，大多数地方在财务上实行混账管理，统筹账户基金不足，则默认调用个人账户基金。由于已纳入保障体系内的养老金必须月月发放，这就迫使财政并不宽裕的地方政府挪用个人账户资金用以消解养老金拖欠问题，造成了个人账户的名义化。统筹基金和个人账户基金的混账运行容易导致管理上的混乱，使得统筹部分透支了个人账户资金，使个人账户空账运行，仅成为一种记账手段，基金的积累与投资无从实现。虽然做实个人账户的试点省份从 2000 年的 1 个增加到 2012 年的 13 个，但是由于各地区统筹基金缺口巨大，弥补基金缺口的资金有限，所以我国目前各省区的个人账户仍以名义个人账户制度为主。截至 2012 年年底，基本养老保险个人账户基金名义上共积累 3396 亿元，比上年末增加 693 亿元。

（二）个人账户基金参保人员和结构情况

基本养老保险基金从理论上讲，包括统筹账户基金和个人账户基金两部分。由于其他个人账户基金多是空账积累，所以无法获得全部实际数据。个人账户基金和统筹账户基金的缴费具有同样的强制性要求，从统筹账户基金的职工缴费规律可判断个人账户基金实账积累的变化趋势。目前，我国在实行养老保险社会统筹的过程中确定的筹资原则是“以支定收，略有积累”。从全国各个地区来看，这些统筹账户基金历年累计结余的比例和绝对数额都有很大差别。2011 年年末广东、江苏、浙江、山东、四川累计结余最高，广东达到 3108 亿元，江苏为 1658 亿元，浙江为 1520 亿元。累计结余最低的有福建、宁夏、海南、青海、西藏等省、自治区，其中西藏最低累计结余只有 14.5 亿元。具体如表 3-1 所示。从黑龙江 2011 年的基金收支来看，基金收入为 592 亿元，但支出达到 604 亿元，当年已经收不抵支。但是从全国来看基本养老保险基金的年底累计结余呈逐年递增的趋势，并且已具规模。2011 年基本养老保险基金收入达 16 895 亿元，累计结余 19 497 亿元，累计结余占年度 GDP 的比重已经达到 4.12%，与 1997 年基金累计结余只占到 GDP 的 0.87%，有相当大幅的提升❶。

表 3-1　2011 年各地区基本养老保险基金收支情况　　单位：亿元

地区	基金收入	基金支出	累计结余	地区	基金收入	基金支出	累计结余
广　东	1400.3	764.5	3108.2	广　西	278.6	243.6	414.0
江　苏	1284.9	898.8	1658.0	吉　林	350.4	308.1	394.1
浙　江	901.2	543.2	1520.2	内蒙古	355.4	269.6	343.7
山　东	1191.1	886.9	1381.9	云　南	277.3	170.8	335.9
四　川	1085.6	753.9	1260.0	重　庆	415.3	336.1	334.8
辽　宁	1039.0	883.1	895.1	陕　西	368.1	328.3	256.2
北　京	812.8	560.8	869.8	甘　肃	223.4	154.0	247.6

❶ 数据来源：《中国统计年鉴：2012》

续表

地区	基金收入	基金支出	累计结余	地区	基金收入	基金支出	累计结余
山　西	483.9	329.3	791.8	江　西	276.0	233.4	246.3
河　北	684.4	561.7	685.6	贵　州	179.2	127.6	229.5
湖　北	733.9	523.4	638.1	天　津	335.8	315.1	223.8
河　南	608.2	506.3	600.9	福　建	266.2	229.9	177.5
湖　南	541.6	416.6	580.8	宁　夏	113.2	67.9	153.9
上　海	1089.2	993.5	557.6	海　南	115.7	95.2	85.4
安　徽	445.3	320.0	478.3	青　海	75.0	53.6	72.0
黑龙江	591.9	603.9	467.0	西　藏	15.5	10.6	14.5
新　疆	352.9	272.8	465.8				

从基本养老保险各年度参保职工和离退休人数来看，参加基本养老保险的职工增加幅度要高于离退休人员。截至2012年年底，全国参加城镇职工基本养老保险人数为30 427万人，比上年末增加2036万人。其中，参保职工22 981万人，参保离退休人员7446万人，分别比上年末增加1416万人和619万人。由此可见城镇基本养老保险虽然向自营人员及事业单位扩展，但仍以企业员工为主。从图3-1可以看出在1998年没有进行基本养老保险改革以

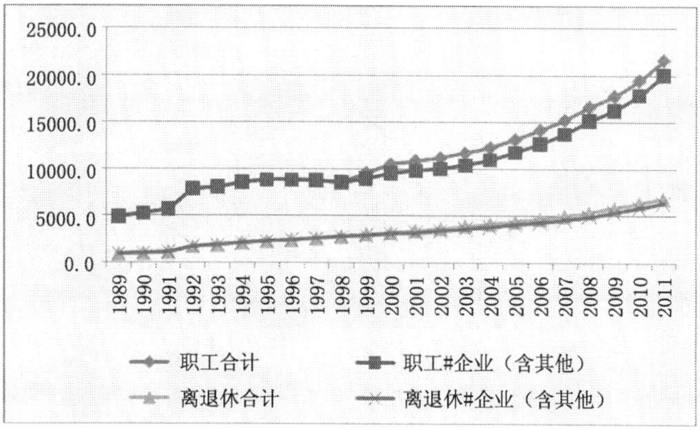

图3-1　基本养老保险历年参保人员情况

前，参加基本养老保险的人数增加缓慢。1998年基本养老保险开始扩大覆盖的人群，提出老人、中人、新人三种不同人群的退休给付方式后，参加基本

养老保险的人数开始比1998年以前有较快速度的增长，而且非企业人员加入基本养老保险的趋势也变得明显，但是离退休人员的增长没有因为改革受到大的影响，仍然维持着和1998年以前相似的变化速度，这对养老保险退休人员的预测有重要的启示作用。

对于基本养老保险参保人口结构，由于缺乏相关数据，基本养老保险参保人口的具体职业、年龄、性别等数据无法直接获知，只能采用相关的精算假设来得到。养老保险参保人口数量和结构取决于整个人口数量和结构及养老保险覆盖率。未来人口数量和结构由未来人口的生育、死亡、迁移等模式决定（王晓军，2000）。由于我们所研究的基本养老保险主要针对城镇企业职工，因此在对未来人口预测中还包括对城镇人口的预测，可以通过在人口预测中加入城镇化因素实现[1]。

（三）个人账户记账利率情况

国务院于1997年7月发布《关于建立统一的企业职工基本养老保险制度的决定》，考虑到当时制度规定基金只能存入银行和购买国库券，不允许投资资本市场，故规定个人账户收益率计息可以参考1年期银行同期存款利率。2005年国务院《关于完善企业职工基本养老保险制度的决定》继续沿用这一记账利率制度。正因为这一制度，导致我国许多省市的社会保障部门均以1年期银行存款利率作为个人账户基金的记账利率。安徽、湖南、湖北等省实行人民银行规定的同期或1年期城乡居民储蓄存款利率，以单利计息。吉林、宁夏等省、自治区按银行1年期存款利率，以复利计息，当年计入存款额以按1年期零存整取利率计息。江西、云南、上海等省、市、自治区的养老保险个人账户以“养老金保质率”或“社会保险利率”计息（胡高喜，2009）。而2011年新通过的《中华人民共和国社会保险法》中对个人账户的记账利率有了明确的规定，规定记账利率不得低于银行定期存款利率，免征利息税。基本养老保险基金出现支付不足时，政府给予补贴。

由于受到通货膨胀的影响，按照银行1年期定期存款利率记息时，实际

[1] 王晓军．社会保障精算原理．北京：中国人民大学出版社，2000，192页。

上基金已经受到严重的贬值压力。表 3-2 列出了 2001—2011 年度通货膨胀率和记账利率的数据。从表 3-2 可以看出全国社会保障基金投资收益率在 2006—2009 年期间波动非常大，2006 和 2007 年达到 29.01% 和 43.19% 时，记账利率仅为 2.52% 和 4.14%。剔除同期的通货膨胀率的影响，充分显示出按照 1 年期银行存款记账的名义个人账户资金存在着严重的安全性问题。2008 年社保基金投资收益率为-6.79%，又出现较大的亏损，个人账户基金累计值也会受到影响。因此对于中国的个人账户不仅提供超过 1 年期银行存款利率的最低担保收益率是非常有必要的，而且还应该考虑如何设定一个上限值，可以在投资收益率较好的年份摊回部分担保成本，如 2006 年和 2007 年。个人账户按照什么样的水平做为记账利率也是理论界和政府长期关注的一个重要问题，这个名义担保收益率的选择决定着个人账户能否长期存续的一个重要指标。

表 3-2　通货膨胀率与 1 年期银行存款利率的数据（%）

	2011	2010	2009	2008	2007	2006	2005	2004	2003	2002	2001
通货膨胀率（p）	5.4	3.3	-0.7	5.9	4.8	1.5	1.8	3.9	1.2	-0.8	0.7
记账利率（i）	3.5	2.75	2.25	2.25	4.14	2.52	2.25	2.25	1.98	1.98	2.25
$J=i-p$	-1.9	-0.55	2.95	-3.65	-0.66	1.02	0.45	-1.65	0.78	2.78	1.55
社保基金投资收益率	0.84	4.23	16.12	-6.79	43.19	29.01	4.16	2.61	3.56	2.59	1.73

数据来源：通货膨胀率是从《2001 一 2011 年国民经济和社会发展统计公报》依据全国居民消费价格总水平指数整理得出，银行历年 1 年期存款利率摘自《中国金融年鉴》，加以整理而得，全国社保基金收益率来自全国社会保障基金理事会网站。

二、个人账户收益担保制度分析

尽管围绕个人账户是否要做实、什么时间做实和资金缺口怎么解决等问题的争议一直没有定论，但是增加做实个人账户试点的脚步从未停止，中央财政也不断地对个人账户试点地区给予财政支持。究其实质从政府角度来讲，不管个人账户资金是否做实，终极目标都是保障个人在退休时能够得到安全性的收益。从个人角度来讲，个人账户保障的本质是基金可以保值和增值，至于保值、增值的途径并不重要，保值、增值的方式和渠道成为政府的决策。做实个人账户的目的是期望能通过资本市场运作，增加投资收益率来减少资金缺口。在个人账户做实的基础上，个人账户资金的安全性又面临新的考验，在长达几十年的积累过程中，基金的保值和增值面临许多风险，有通货膨胀风险、政治经济政策不稳定风险、经济周期造成的投资风险、不确定性造成的投资风险等宏观风险❶，对于宏观风险的规避不是个人有能力消除的，这就涉及制度背后谁来承担资金缺口和风险的问题，因此政府对于宏观风险的化解需要提供一定的保障。不做实是由于现实情况暂时难以做实，但是难以做实不代表基金收益不予增值，那么按照什么水平来积累基金收益较为合适？增值的担保收益成本又有多少，现行担保制度下担保成本与经济发展是否相适应？笔者在此针对两种情形，探讨基本养老保险个人账户的收益担保制度。第一种情形是基于现实状况，也就是按照记账利率积累的名义个人账户制度；第二种情形是基于未来发展可能，也就是做实个人账户基金投资资本市场运作的担保制度。

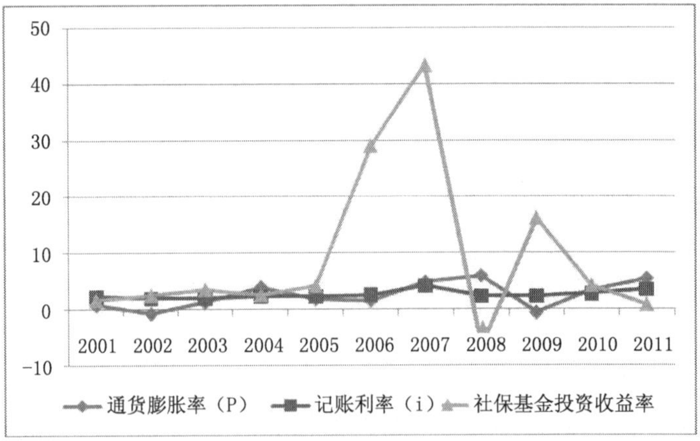

图 3-2　社保基金历年收益率与通货膨胀率、个人账户记账利率对比情况

❶ 李珍．社会保障制度与经济发展．武汉：武汉大学出版社，1998 年，144 页—151 页。

1. 名义账户情形下的收益担保制度

目前中国基本养老保险的名义账户制度从改革的出发点来看，并不是制度的初衷，而是由于特定国情下的养老保险历史背景形成的。巨大的社会统筹基金缺口没有大量的财政资金可以弥补，改变不了地方政府挪用个人账户资金以进行养老金支付的现状。虽然基本养老保险中个人账户是名义的、无任何资金积累，但和以往的现收现付制度仍有本质的不同，个人账户资金的两种权利——所有权和使用权发生转移，形成的个人账户资金的所有权不再是集体所有，而是归个人所有。理论上使用权也应发生转移，由个人账户所有者决定账户资金投资于何种渠道，但是个人账户资金的空账使得这一权利形同虚设，个人账户资金的使用权从某种意义上可以理解为政府使用，政府使用这笔资金代替财政支出来支付目前退休人员的养老金。因此，个人账户所有者实际上是让渡了自有资金的使用权。从资本的机会成本、时间价值和权力转让三个维度，个人账户资金都应该有收益率回报，并且收益率回报应该高于无风险收益率。使用权让渡给政府，那么政府责无旁贷的要为之提供相应的收益回报。实际上各地方政府也为个人账户资金提供了收益率回报，就是所谓的名义记账利率，基本上是 1 年期银行存款利率。虽然在这个记账利率下，个人账户记账利息已经是政府一笔较大的支出，但是这个记账利率是否合适？如不合适，多高合适？如果太高政府是否能够承担？这些问题都成为现在名义账户记账利率选择的难点问题。

首先，现行的记账利率笔者认为是不合适的。1 年期银行存款利率的名义收益率相对偏低，收益率回报至少应该高于无风险收益率。如果不高于无风险收益率，那么个人没有必要缴费，个人存在银行也可以获得这样的收益，而且有随时支取和支配的自由，如果投资在资本市场还可以获得更高的收益率。在中国通常采用 1 年期银行存款利率作为无风险利率。因此名义记账利率应该高于 1 年期银行存款利率。

其次，还有一个至关重要的因素——通货膨胀因素。这是影响退休生活水平的另一个隐性变量，如果到退休时通货膨胀严重，那么将严重影响退休生活质量。理论上名义记账利率最好能够抵御通货膨胀影响的实际收益率，但是在积累阶段的担保收益率如果和通货膨胀率挂钩的话，不仅计算上复杂，而且究竟多大程度挂钩也难以把握。因此，担保收益率水平建议不与通货膨胀率挂钩，而是把通货膨胀率这个变量的影响放在退休后。在领取阶段退休金水平与通货膨胀指数化挂钩，既减少了运作的困难，又保证了退休金水平与当时物价水平具有较为一致的调整。

再次，国际上采用基金积累制的国家担保收益率多和资本市场的某个指数或者是行业平均收益率挂钩，但在中国也是不适合的。因为我国的资本市场不够完善，年度收益率的波动幅度较大，这样就容易造成较大的政府担保的或有风险。

最后，我国的名义账户记账利率可以选择市场利率产品收益率相关联。1年期银行存款利率作为担保收益率偏低，我国可以考虑按照同期 2 年期、3 年期或者 5 年期银行定期存款利率来做为记账利率。为了选择合适的名义账户记账利率，本书在后面的模拟中设置了 7 种利率情景，3 种固定收益率和 4 种相对收益率进行对比分析。

2. 实账积累情形下的收益担保制度

改革的初衷是做实个人账户，做实的脚步也并未停止，财政支持的力度不曾减弱，随着转轨成本的逐渐减少，做实的个人账户资金进入资本市场是必然趋势。笔者认为向基金制转变的养老金改革，由于“政府失灵”和“市场失灵”的存在，政府和市场最好的选择就是避开各自失灵的领域。比如，要把养老基金交由市场运作，可以减少基金安全中的道德风险和增值功效，而又不能完全交由市场，监管和政策制定由政府承担。过高的风险不能完全由个人来承担，因此在个人账户基金选择市场运作的过程中，为其提供一定的收益保障也是政府和养老基金公司分担个人养老风险的一种方式，而政府也不能承担无限的风险。

考虑中国实际情况，在个人账户基金逐步做实的基础上，基金应交由市场运作。目前个人账户制度只是省级统筹，个人账户基金安全的责任人也相应有多个，包括个人、企业、基金管理人、省级政府及中央政府，这些责任主体在个人账户基金安全中都要相应分散部分风险。在做实个人账户收益担保中，考虑到中国资本市场的发展程度，以及相关责任人对各种风险的承担能力不同，笔者认为中国各省的做实个人账户基金应建立层级担保制度，形成适合中国国情的基本养老保险个人账户基金担保制度。

在担保形式上，设定与市场利率产品挂钩的双限收益率担保。从国际经验来看，提供相对收益率担保的国家通常是和资本市场的某一指数挂钩，或者是和养老基金行业平均收益率挂钩，但这在中国可行性都不高，主要是基于两方面原因：一是资本市场的指数不具有权威性，二是养老基金公司较少，无法计算行业平均收益率。因此我国比较适合提供绝对收益率担保，或者和银行定期存款利率挂钩的相对收益率担保。此外，纵观中国近30年的通货膨胀率，在一些年度有较大的波动，最高达到18.8%，而养老保险基金从开始存储到领取是一个长期的过程，这个过程中肯定会受到通货膨胀的影响。保障基金的安全，仅仅靠提供一定的名义绝对收益率是不够的，还需要能够消除通货膨胀的影响。因此养老基金需要提供能够消除通货膨胀的绝对实际收益率或考虑到通胀影响的银行定期存款相挂钩。担保的最低收益率可以根据财政的承受能力来确定。1年期银行存款利率过低，2年期和3年期银行存款利率可以作为考虑的指标。因为投资到资本市场，那么投资风险和收益都相对较高，可以提供受通货膨胀影响的实际收益率担保。此外，由于政府承担着下方风险，那么可以考虑通过提高上方收益来减少政府的担保成本，也就是设定双限收益率担保，如果投资收益率超过一定水平，如10%，那么超过部分将归担保人或担保基金的储备金，不再计入个人账户。这样既保证了个人账户所有者的最低收益，又减少了担保成本承担不起的可能性。笔者认为这样的双限收益率担保是适用的。

为了保障养老保险基金的安全性，还需要对养老保险基金投资比例进行一定的限制。中国资本市场从20世纪90年代初开始发展，目前尚处于起步阶段，投资者的投机心理和国家政策调整对股市产生剧烈影响的特征相当明显。市场收益的波动性与西方发达国家相比要大得多，这对养老基金投资安全性的目标来说是一个严峻的挑战。从目前社保基金和企业年金基金的投资比例限制可以看出，由于安全性要求的不同，养老基金投资比例限制程度也不相同。通过比较，全国社保基金作为养老基金的补充基金，担负着未来几十年的养老金缺口支持的重任，其安全性是第一位的。企业年金基金本身是在基本养老保险基础上建立的，目的是提高居民退休后的生活水平，其收益性的要求相对较高，所以投资限制也相对较低。从做实的个人账户基金在养老保险体系中的地位，对其安全性的要求是介于社保基金和企业年金基金两者之间，既要求安全又要求有所收益。根据这样的思想，对个人账户基金投资的限制也可以考虑介于两者之间，进行投资比例的适度调整，比如增加房地产投资和海外投资比例，并随着市场逐渐趋于稳定化、法律化、规范化，以及担保制度的建立，投资的限制适度放宽。

第二节　个人账户收益保证成本评估模型

一、总体担保成本评估思想

从本章第一节的分析可以看出，基本养老保险个人账户在目前的状态下提供了名义收益率担保，只是担保成本相对于投资资本市场的情况下更高一些，因为个人账户资金被用作他途，完全没有收益。这部分担保成本主要是政府的财政责任，补贴额的大小也从另一面反映了政府的财政风险。由于没有实际的投资运作，担保成本可以看作是较为明确的债务。本书收益担保成本的评估主要从总体的角度，反映政府为个人账户提供名义记账利率的担保收益率需要支付多少成本。因为没有投资到资本市场，因此也无法计算为某一个职工提供收益率担保需要的成本。对于政府来说，为养老基金提供收益率担保就是财政上负担一份或有负债，或有负债的度量不仅仅和个人担保成本的计算有关，也和总体的人口结构有关。总体担保成本的评估基于社会保障精算的债务原理。与以往确定性精算假设不同的是，贴现利率不再是固定值，而是遵从一定随机过程，而且担保的收益率随机变化，不是固定的某个值。要确定每年的政府担保成本，首先假定每年的缴费和养老金支付在年初，确定上年末的基金积累值，以及本年初的缴费和支出，然后用上年末的基金积累值乘以当年的担保收益率，便得到当年总的担保成本。

考虑到做实的个人账户情形离目前现实状况较为遥远，而且笔者对做实个人账户投资收益担保成本评估的情形也做了相关的基础研究❶。因此本书对名义收益率担保成本的度量基于现实情形。本书主要研究个人账户基金在最低保证收益率规定下未来对政府可能造成的财政负担，故须推算未来参加个人账户的人员每年的缴费收入、退休给付、未来基金规模及未来最低保证利率的变化等。1997 年，国务院在总结过去经验的基础上，发出了《国务院关于建立统一的企业职工基本养老保险制度的决定》（国发〔1997〕26 号），统一的个人账户制度从 1998 年开始建立，规定个人账户按本人缴费工资的 11% 记入，其余部分从企业缴费中划入。随着个人缴费比例的提高，企业划入的部分要逐步降至 3%；个人账户养老金月标准为本人账户储存额除以 120。个人缴费年限累计不满 15 年的，退休后不享受基础养老金待遇，其个人账户储存额一次支付给本人；职工或退休人员死亡，个人账户中的个人缴费部分可以继承。随着人口老龄化、就业方式多样化和城市化的发展，现行企业职工基本养老保险制度还存在个人账户没有做实、计发办法不尽合理、覆盖范围不够广泛等不适应的问题，需要加以改革和完善。为此，在充分调查研究和总结东北三省完善城镇社会保障体系试点经验的基础上，国务院又提出《国务院关于完善企业职工基本养老保险制度的决定》（国发〔2005〕38 号）。38 号文规定：从 2006 年 1 月 1 日起，个人账户的规模统一由本人缴费工资的 11% 调整为 8%，全部由个人缴费形成，单位缴费不再划入个人账

❶ 钱珍，做实个人账户基金担保收益率研究．统计教育，2009 年第 2 期，35 页—39 页。

户；国发〔1997〕26号文实施后参加工作、缴费年限（含视同缴费年限[1]，下同）累计满15年的人员，退休后按月发给基本养老金。基本养老金由基础养老金和个人账户养老金组成。个人账户养老金月标准为个人账户储存额除以计发月数，计发月数根据职工退休时城镇人口平均预期寿命、本人退休年龄、利息等因素确定。国发〔1997〕26号文件实施前参加工作，本决定实施后退休且缴费年限累计满15年的人员，在发给基础养老金和个人账户养老金的基础上，再发给过渡性养老金。本决定实施后到达退休年龄但缴费年限累计不满15年的人员，不发给基础养老金；个人账户储存额一次性支付给本人，终止基本养老保险关系。本决定实施前已经离退休的人员，仍按国家原来的规定发给基本养老金，同时执行基本养老金调整办法。

我国统一的城镇职工养老保险个人账户制度从1998年开始实施，2005年对执行政策进行了部分修改。考虑到参保人口数据的可获得性，本书以2005年为预测起点，2050年为预测终点。预测这期间养老保险个人账户提供各种名义收益率担保的政府财政成本。预测采用2005年的基础数据，来推算未来各年参加个人账户基金人员的人口结构，推算至2050年个人账户基金规模变动的情形，利用利率的随机过程模型，采用蒙特卡洛模拟的方法，模拟未来报酬之路径，按照法定报酬率计算，考虑各种补贴情形。以下先介绍评估所使用的模型，再说明模拟估算的方式。

二、总体担保成本评估模型

1. 基金规模

把个人账户资金集中起来，形成一个总的个人账户基金来考察。假设每年的缴费和支出都在年初进行，上年末基金积累值就是下年初的初始值。这样基金在第 $t+1$ 年末的规模为：

---

[1] 视同缴费年限是我国城镇企业职工养老保险制度规定的，把没有实行个人缴纳养老保险费之前的工作时间也看作缴费年限，在计算养老保险待遇时，将缴费年限与视同缴费年限合并计算。这一制度仅适用与新养老保险制度（1997年7月16日）实行前参加工作，新制度实施后退休的人员（被称为“中人”）。

$$F_{t+1} = F_t \times (1 + r_{t+1}) + C_{t+1} - B_{t+1} \quad (3.1)$$

式中 F_t —— 基金资产在第 t 期末的水平；

F_{t+1} —— 基金资产在第 $t+1$ 期末的水平；

C_{t+1} —— 各类人员在第 $t+1$ 期的缴费水平；

B_{t+1} —— 第 $t+1$ 期的退休给付总额；

r_{t+1} —— 第 t 到第 $t+1$ 期设定的记账利率。

$t = 0, 1, 2\cdots\cdots$

（3.1）式表示第 $t+1$ 年末的资产总额等于第 t 年末资产乘以 t 到 $t+1$ 年的担保收益率加上该期缴费收入减去该期内退休给付。那么 $t+1$ 年的基金担保成本为：

$$F_t \times r_{t+1} \quad (3.2)$$

2. 担保收益率模型

担保收益率是决定总体担保成本大小非常重要的一个因素。虽然是名义个人账户，没有资金积累，但是担保的收益率设定形式也可以像基金积累的个人账户，设定为固定的常数、与市场组合收益率挂钩或者与市场利率挂钩。只不过没有投资收益，所有担保的收益支出都由财政支出。考虑到中国股票市场的波动性较大，这里我们对于担保收益率选择了两种形式进行模拟：一种是假设低、中、高三种不同的固定的常数担保收益率；另一种是设定和利率挂钩的相对收益率，其中担保利率分别取 1 年期、2 年期、3 年期和 5 年期定期存款利率。

（1）固定的常数担保收益率。

常数保证利率是假定未来一定年度内个人账户基金按照一个固定的利率来记账，这种记账的利率除非政策规定进行调整，不然不发生变化。这种方式简单易行，但是相对来说不能够与经济和市场发展相关联。常数保证的利率在本书中则设定为低水平担保记账利率为 2%，中水平担保记账利率为 4%，高水平记账利率为 6%。这个记账利率在预测期内不发生变化。

（2）与市场利率挂钩的担保收益率。

与市场利率挂钩的保证利率是假定未来一定年度内个人账户基金按照利率变动的一个随机过程来记账，这种记账的利率每年都有所不同，不同的原因是把利率看成是变动的、随机的。对于未来随机变动的利率预测采用蒙特卡洛随机模拟预测方法。蒙特卡洛模拟法（随机模拟法）是计算数学的一个分支，通常是当系统中各个单元的可靠性特征量已知，但系统的可靠性过于复杂，难以建立可靠性预计的精确数学模型或模型太复杂而不便应用，则可以考虑用随机模拟法近似计算出系统可靠性的预计值。随着模拟次数的增多，其预计精度也逐渐增高。由于需要大量反复的计算，一般均用计算机来完成。

随机的利率模型在本章采用 CIR（Cox、Ingersoll、Ross，1985）利率模型，CIR 模型修正了 Vasicek 模型利率可能为负值的缺点。CIR 模型乃在于描述长短期利率之随机行为模型，模型如（3.3）式所示：

$$dr = k(\theta - r)dt + \sigma_r\sqrt{r}dz \tag{3.3}$$

式中　r ——短期利率；

θ ——短期利率在长期下的均值；

k ——均值回归（Mean - Reverting）的调整速度；

σ_r ——短期利率的波动性；

dz ——标准的维纳过程，即利率变动的随机误差。

在（3.3）式中，θ、k 与 σ_r 为常数，$dz = \varepsilon\sqrt{dt}$，且 $\theta > 0$、$k\theta \geqslant 0$，CIR 模型既有 Vasicek 模型均值回归的特性，又有避免短期利率为负值的可能性，与真实情况相符。根据此利率随机过程假设及无风险套利原则，若 $P(t, T)$ 表示在 t 时 1 元，未来 T 时到期的零息票债券价格，计算公式如下：

$$P(t, T) = A(t, T)e^{-B(t, T)r(t)}$$

$$P(t, T) = 2(e^{(T-t)} - 1)/(r + k)(e^{r(T-t)} - 1) + 2\gamma$$

$$A(t, T) = exp[2\gamma e^{(k+r)(T-t)/2}/(r + k)(e^{r(T-t)} - 1 + 2\gamma)]^{2k\theta/\sigma_r^2}$$

$$r = \sqrt{k^2 + 2\sigma_r^2} \tag{3.4}$$

利用（3.4）式可以推算未来1、2、3年定期银行存款利率的值。

本书中使用CIR利率模型，其参数估计主要是在离散时间下进行回归，计算其参数，(3.3）式可以改写成

$$r_{t+1} = r_t + k(\theta - r_t) + \varepsilon_{t+1} \tag{3.5}$$

令 $\beta_0 = k\theta$；$\beta_1 = 1 - k$；$Var(\varepsilon_{t+1}) = r_t\sigma_r^2$

（3.5）式改写为：$r_{t+1} = \beta_0 + \beta_1 \cdot r_t + \varepsilon_{t+1}$ （3.6）

为了使 ε_{t+1} 符合正态分布，将公式转换成 $r_{t+1}^* = \beta_0 \cdot \frac{1}{\sqrt{r_t}} + \beta_1 \cdot r_t^* + \varepsilon_{t+1}^*$，再利用OLS(Ordinary Least Square）便可估计CIR模型中的参数 k，θ，σ：

$$k = 1 - \beta_1 \text{ , } \theta = \frac{\beta_0}{1 - \beta_1} \text{ , } \sigma_r^2 = \frac{\sum_T r_t^2}{T - 1}$$ ❶

三、总体担保成本评估精算假设

本节中将介绍计算未来个人账户基金规模和收益保证利率预测的步骤，计算步骤如下：(1）推算未来各年参加基本养老保险个人账户的在职人数和退休人数；(2）推算未来各年参保人员的工资分布与退休工资情况；(3）推算未来个人账户基金各年缴费水平与退休支出金额；(4）模拟预测未来各年名义保证利率的值；(5）代入名义保证利率计算各年基金规模；(6）代入名义保证利率计算各年总担保成本。

从总体上推算基本养老保险个人账户基金未来的缴费收入、退休支出与基金规模，此项推算涉及繁杂的统计精算领域。由于影响基金规模的因素众多，资料获取存在一定困难，因此在按照上述的6个步骤进行评估之前，本书从现有资料并设定一定的条件来缩减复杂的推算过程。养老保险的长期精算估计建立在对未来计划人口预测、未来工资和利率预测的基础上。对未来

---

❶ 引自张君宁．公务人员退抚基金收益保证对政府财政影响：模拟分析，硕士学位论文，台湾：逢甲大学，2006页，34页。

养老保险参加人口、工资和利率水平进行预测，需要对影响这些水平的因素进行科学假设，这些假设称为精算假设。归纳起来，养老保险长期精算估计的假设可以分为人口假设和经济假设两类。假设如下：

1. 人口假设

（1）参加基金人员范畴。

由于资料获得上的限制，目前中国基本养老保险覆盖的人群仍然主要是城镇职工。从发展的方向来看，由于农村和城镇在生活水平、经济能力等各方面存在较大差异，目前很难完全实行统一的制度。因此，对未来个人账户基金人员的推算仍以城镇职工为主。农村基本养老保险参保人员没有被纳入这里的个人账户收益保证成本的计算中。

（2）参保人口预测假设。

未来城镇参保人口的预测包括在职和退休人口的预测。在职人口的预测需要在全国分年龄分性别人口预测的基础上，考虑城镇人口比例、劳动参与率和城镇参保覆盖率的假设得到。退休人口的预测是在在职人口预测的基础上，考虑城镇人口死亡率、退保率和新增退休分布得到。

全国分年龄分性别的人口预测来自于联合国对中国人口的预测数据（1950—2050）❶，联合国人口预测数据为每5年分性别分年龄组的数据，在此基础上，对年龄组按照2005年全国1%人口抽样调查的分年龄分性别人口结构进行差值，对年份按照线性的方法进行差值❷，得到2006年到2050年详细的分性别分年龄人口预测。

2005基年分性别分年龄的城镇人口比例和劳动参与率根据2005年全国1%人口抽样调查数据计算得出。基年分性别分年龄的城镇参保覆盖率根据城镇参保人口与城镇就业人口之比计算得出。分性别分年龄的城镇参保人口的

---

❶ 参见 http：//esa. un. org/unpp/index. asp？ panel=2。

❷ 具体差值的方式如：2010年20至24岁男性人数=2010年联合国20至24岁人数×（2005年抽查20至24岁男性/2005年抽查20至24岁人数）；2011年20至24岁男性人数=2010年20至24岁男性与2015年20至24岁男性人数之间的线性插值；2011年21岁男性人数=2011年20岁至24岁男性×（2005年抽查21岁男性人数/2005年抽查20岁至24岁男性人数）。

处理，是通过2006年中国统计年鉴的总城镇参保人口，按照实际调查数据八个地区❶的参保人口性别年龄结构进行分配得出。预测年的城镇人口比例、劳动参与率和制度覆盖率根据 OECD(Organization For Econornic Co - operation and Pevelopment) 给出的假设，按一定的年龄结构计算出分性别年龄的预测假设。城镇人口死亡率参考了目前世界卫生组织采用的人口预测模型❷，并引入经济、健康等协变量，得到城镇人口死亡率的预测，这里暂不考虑退保的情况。新增退休分布表示该年在某一年龄的在职人群中新增退休的比例，按照法定退休年龄为100%退休，并可增加其他情景假设。通过人口预测可以发现从2005年变化到2050年我国的人口结构变化如图3-3和图3-4所示，可以看出到2050年我国的60岁以上人口显著增多。

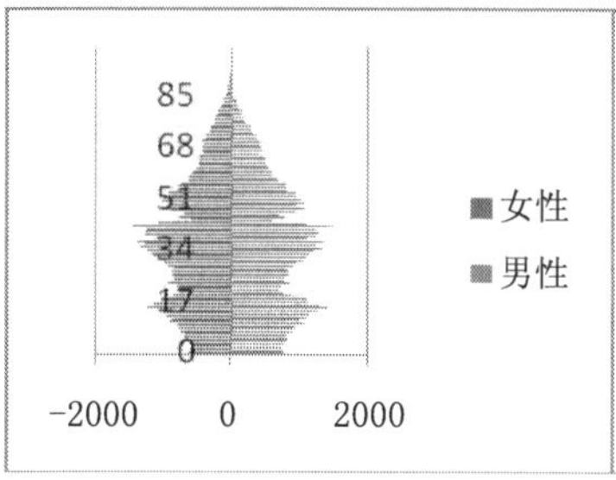

图3-3　2005年全国人口结构图

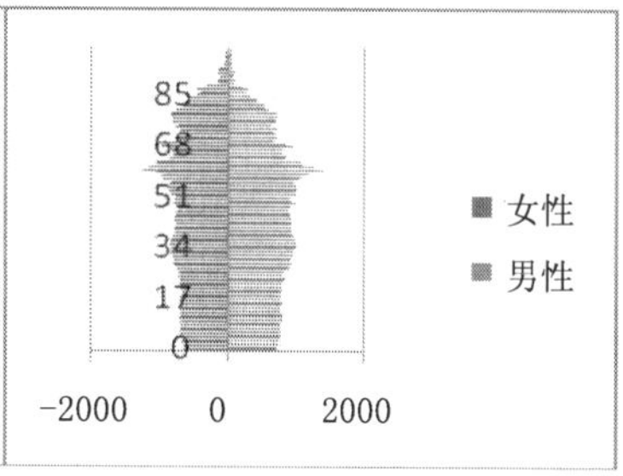

图3-4　2050年全国人口结构图

（3）参保人员工资分布

参保人员的工资分布为分年龄和性别人员工资与20岁男性的工资水平之比。样本分布的获得是来自八个地区的在职人员分年龄和分性别的工资结构得出。

（4）退休年龄❸

《劳动和社会保障部办公厅关于企业职工“法定退休年龄”涵义的复函》

---

❶ 八个地区包括：黑龙江省、天津市、韶关、湛江、安阳、鹤壁、三门峡、汕尾，数据来自于王晓军教授“广东省养老保险制度改革”项目的调查数据。

❷ 由哈佛大学 Gary King 教授提出，参见 http：//gking. harvard. edu/yourcast/。

❸ 参见 http：//baike. baidu. com/view/1274100. htm。

(劳社厅函〔2001〕125号)规定：国家法定的企业职工退休年龄，是指国家法律规定的正常退休年龄，即男年满60周岁，女工人年满50周岁，女干部年满55周岁。由于人口寿命的延长，退休年龄也有增加的可能性，因此，本书统一规定男性按照60岁退休，女性按照55岁退休。

(5) 退休给付方式

劳动部第26号文个人账户养老金计发办法：记账规模为本人缴费工资的11%，退休时个人账户养老金按照个人账户储存额除以120计发。38号文中个人账户养老金的改革有两个方面：一是将个人账户记账规模统一由本人缴费工资的11%调整为8%，全部由个人缴费形成，单位缴费不再划入。二是个人账户养老金的计发，不再是个人账户储存额除以120而是除以计发月数，计发月数根据参保人首次领取基本养老金时城镇人口平均预期寿命、利率等因素确定。之后各省计发月数参考38号文件规定得到一个新的分年龄的个人账户养老金计发月数表，见附表1-3。

2. 经济假设

(1) 经济增长率

对于中国经济增长情况的预测，国内外很多学者给出了不同结论。王梦奎在《中国经济分三阶段实现现代化》一文中，认为中国经济增长从2000—2050年将分成三个阶段：2000—2010年增长速度为7%～7.9%，2010—2020年增长速度将在5.5%～6.6%，2020—2050年经济增长速度可达到4.4%。诺贝尔经济学奖得主迈克尔·斯宾塞表示中国经济还将持续快速增长30至50年。著名经济学家林毅夫指出，中国在未来30年或更长时间里，完全有能力保证每年9%以上的经济增长速度。根据国内外专家学者对GDP增长速度的预测，本书按照王梦奎的数据，设定2005—2010年经济增长速度为7.5%，2011—2020年经济增长速度为6%，2020—2050年经济增长速度为4.5%。

(2) 平均工资增长率

2005年社会平均工资18 364元。社会平均工资增长率，我国在近10年内社会平均工资一直以年均13.3%的速度在发展，近5年的实际平均工资增长率为12.3%。本书认为，工资的这种高位增长的速度不可能长久持续，而应与社会经济发展水平相适应，因此本书假设社会实际平均工资年增长率的划分与经济增长成比例。设定2005—2010年平均工资增长速度为9%，2011—2020年平均工资增长速度为6%，2020—2050年平均工资增长速度为3%。

（3）缴费率确定为8%

2005年12月发布的《国务院关于完善企业职工基本养老保险制度的决定》规定，从2006年1月1日起，个人账户的规模统一由本人缴费工资的11%调整为8%，全部由个人缴费形成，单位缴费不再划入个人账户。个人账户储存额的多少，取决于个人缴费额和个人账户基金收益，并由社会保险经办机构定期公布。个人账户基金只用于职工养老，不得提前支取。职工跨统筹范围流动时，个人账户随同转移。职工或退休人员死亡，个人账户可以继承。

（4）缴费工资占平均工资的比例为73%[1]

（5）消费物价指数

反映与居民生活有关的产品及劳务价格统计出来的物价变动指标，通常作为观察通货膨胀水平的重要指标。在本书研究中，假设未来各年消费物价指数（CPI）是3%。

（6）折现率采用预测的1年期银行定期存款利率

在对本书中将要用到的人口和经济变量设定精算假设后，开始进行担保成本的精算评估过程，阐述本书缴费收入与退休支出的推算步骤与计算方式。

四、总体担保成本评估过程

（1）推算未来各年参加基本养老保险个人账户的在职人数和退休人数

在推算未来各年分年龄性别的在职参保人数和退休人数时采用如下两个

[1] 该数据参考王晓军．广东省养老保险制度改革精算报告．北京：中国财政经济出版社2006年版。

公式：

在职人数=分年龄分性别总人口数×城镇人口比例×城镇劳动参与率×城镇劳动人口制度覆盖率

退休人数=上一年退休人数×生存概率+本年在职人数×新增退休比例 （3.7）

通过公式（3.7），经预测 2006—2050 年未来各年缴费人数和领取人数的值见附表 1-4。

从图 3-5 中可以看出，未来各年养老金个人账户的领取人数呈现稳步增长趋势，这与基本养老保险各年退休人数的增加有相似的特征。但是未来的缴费人数却先增加后减少，从 2006 到 2022 年间缴费人数增长较快，之后出现缓慢增长，到 2039 年之后开始下降。这与我国人口老龄化趋势较为一致。从图 3-6 可以看出，这个比例在 2030 年之后变化已经趋于稳定状态。

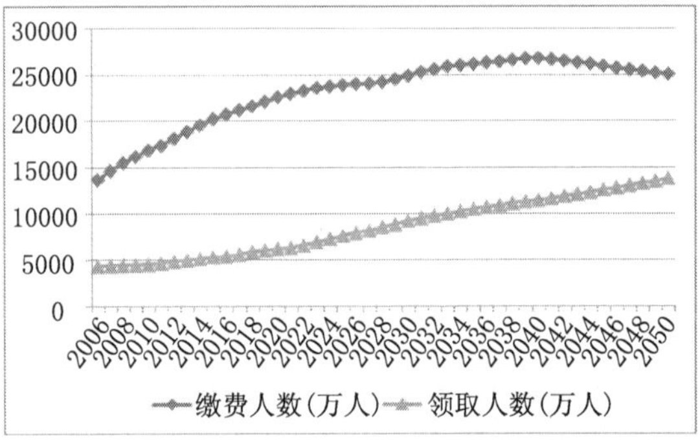

图 3-5 个人账户缴费人数与领取人数

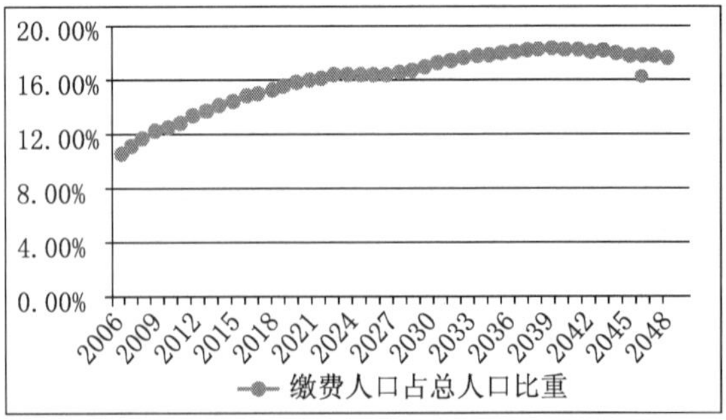

图 3-6 个人账户缴费人数占总人口比重

（2）推算未来各年个人账户基金缴费收入（C_{t+1}）与退休支出金

额（B_{t+1}）

由于基金积累值在新的年度会产生利息收入，而这部分利息收入也作为当年收入的一部分，因此在计算过程中不仅计算了年度缴费收入，也计算了年度总收入，相当于公式中的 $F_t \times r_{t+1} + C_{t+1}$。公式的计算如下，具体的数值分析在下一节。

年度缴费收入（C_{t+1}）= 分年龄分性别缴费人数×缴费率×缴费工资

年度总收入 = 年度缴费收入 + 基金结余在本年度利息收入

年度退休支出（B_{t+1}）= 退休人数×个人账户领取额

个人账户领取额 = 退休前一年个人账户余额/年金系数

（3）模拟预测未来各年名义保证利率的值

对未来各年名义保证利率的预测是根据历史数据模拟法，采用 CIR 模型模拟未来利率走势，得到未来各年的不同期限定期利率。由于历史数据中有些年度利率调整较为频繁，所以在利率调整次数多于 1 年的情况下，采用平均值代替该年年利率。为了确保数据的准确性，还同时采用月度调整数据来模拟未来 40 年各月的随机利率，再用年度利率和月度利率之间的转换关系，得到年利率。采用两种方式的数据差异较小，最终采用的仍为年度利率路径模拟值。1989 年以来的历史利率数据调整见附表 1–5。

第三节　收益保证成本评估结果

一、基金年度收入和支出

在本章第二节精算假设的基础上，附表 1–6 和表 1–7 分别列出了 7 种利率情景下 2006 年至 2050 年之间每年度的个人账户基金收入和支出。图 3–7 和图 3–8 反映了 7 种情景下未来各年度的基金收入和支出情况。从图中可以看出个人账户基金年度收入和支出在 2% 的固定收益率担保情形下最低，在

6%的固定收益率担保情形下最高。其余5种情形基金年度收入和支出相差并不明显。但也可以看出，情景2和情景7的结果较为接近，也就是说按照4%的固定收益率和5年期银行定期存款利率来进行担保，基金的年度收入较为接近。

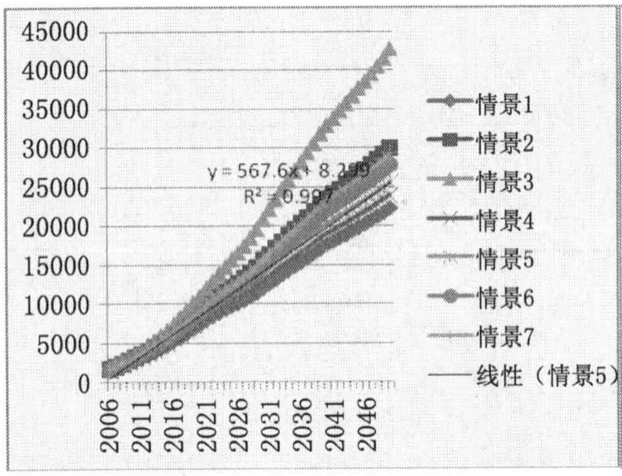

图3-7　2006—2050个人账户基金年度收入

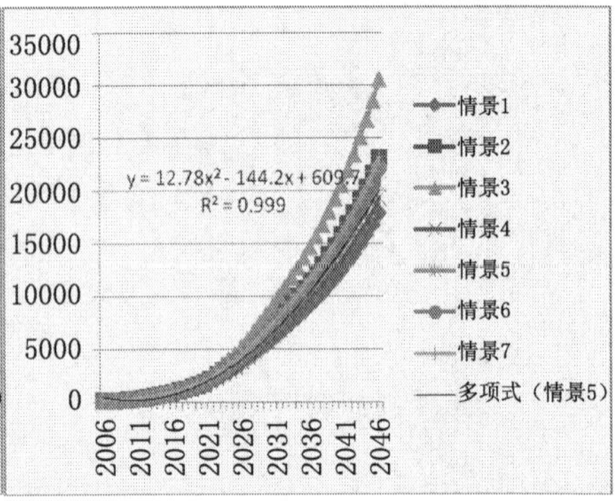

图3-8　2006—2050个人账户基金年度支出

图3-9反映了2010年到2050年3种保证收益率情景下基金年度支出占收入的变化情况。可以看出基金年度支出随着人口老龄化，退休人口的不断增加，年度支出从最初占年度收入的8%左右增加到2050年占年度收入80%左右。另按照不同利率情景的对比还可以发现，按照1年期定期存款利率作为保证收益率，其在2033年之后，年度支出占年度收入的比重就开始最高。在此之前，按照2%的固定利率进行积累的年度支出与收入比是最高的，按照固定收益率6%来计息时，年度支出与收入比最低。到2050年年度支出虽然以高达年度收入的80%，但是占整个基金的累计余额却只有6%，没有影响基金的安全性。

图3-10反映了在按照1年期定期存款利率记账的情形下，年度支出与基金余额的比重情况。从图中可以看出年度支出的增加对整个基金的影响低于对当年收入的影响，2050年的年度支出与基金余额之比相对2010年增加了5倍，而年度支出相对于年度收入却增加了10倍。究其原因，是由于我国基本养老保险个人账户开始于1998年，并明确规定缴费满15年后才可以领取，

因此在最初的年度缴费的人数多，领取的人数少。但是随着缴费人口年龄的推移，以及人口老龄化现象的存在，领取的人数不断增加，导致支出开始增多。

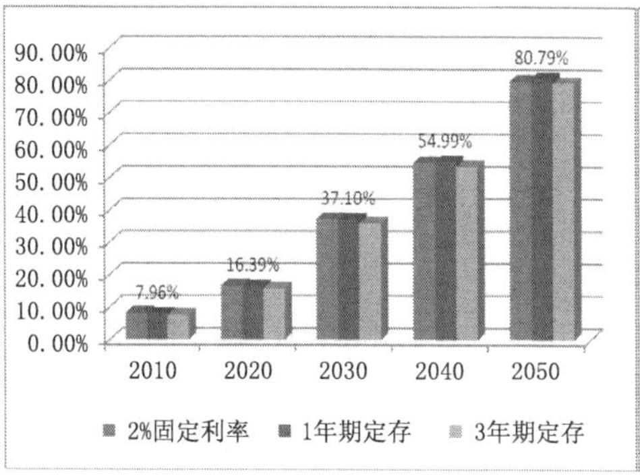

图 3-9 2005—2050 年度支出与收入比重图

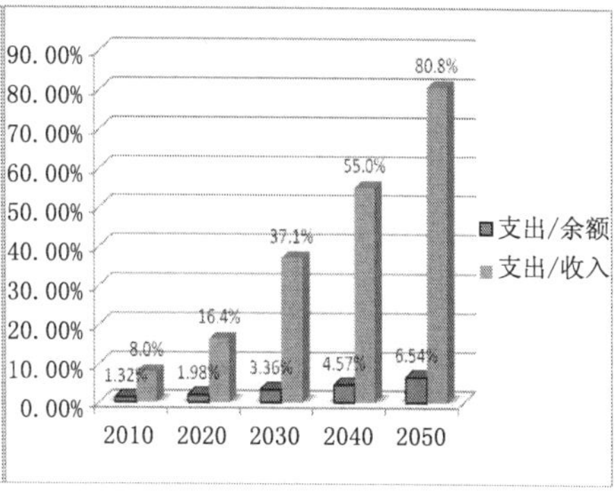

图 3-10 年度支出占收入与基金余额的比重

二、银行定期存款利率

采用第二节的随机利率模型，分别对 1 年期、2 年期、3 年期和 5 年期的定期存款利率进行模拟，结果如附表 1-8，与设定的 3 种常数收益率担保值一起，共形成 7 种利率担保情景。因为利率的历史数据较短，模拟时间从 2009 年开始，2006 到 2008 年的数据使用实际数据。从图 3-11 可以看出，这 4 种利率的随机值都是在最初的时间缓慢衰减，到 2030 年之后趋于稳定。

三、基金年度结余与积累值

图 3-12 是 2006 年到 2050 年当年度基金收入与基金支出的差值部分，年度结余大小与基金当年收入和支出有密切关系。从图 3-7 和图 3-8 可以看出，年度收入的增长速度一直保持着稳定的直线速度增长，但是年度支出的增长却以二次函数的速度在增长。在图 3-7 和图 3-8 两个图上分别对情景 5 添加了趋势线，年度收入用直线趋势去拟合年度收入的增长，拟合优度可以高达 99.7%，年度支出用二次函数拟合，拟合优度达到了 99.93%。可见年度结余的先增后减趋势主要是由于年度支出后期的增长速度高于年度收入的增长速度。我们对

情景 5 下的年度收支结余也添加了一个趋势线。用二次函数拟合曲线，拟合优度为 97%。用三次函数拟合效果更好，拟合优度可以达到 99.2%。

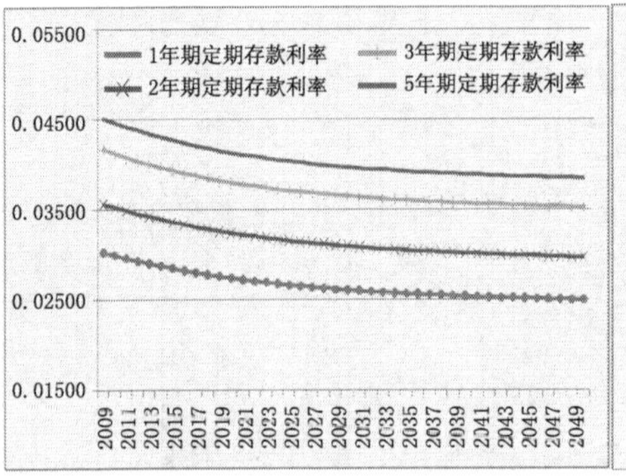

图 3-11　4 种情景的随机利率模拟情况

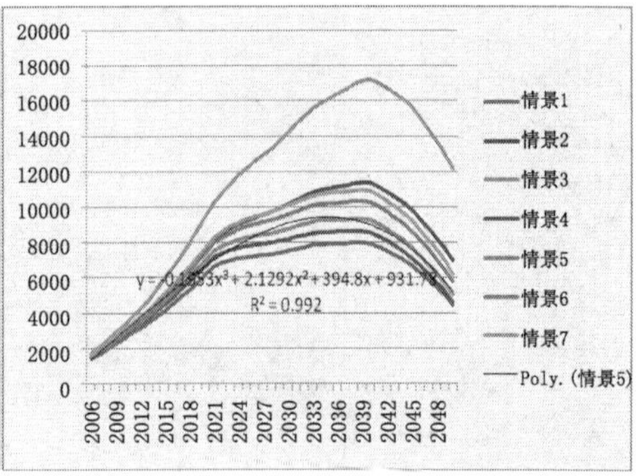

图 3-12　2006—2050 年度基金收支结余

图 3-13 反映了 2006—2050 年度个人账户基金的累积结余情况。从图上可以看出基金累积结余开始时增长速度较快，到后期增速减缓。需要提及的是情景 3，即记账利率按照 6% 进行时，不管是年度结余还是累积结余都远远超过其他 6 种情形。这说明记账利率的大小对于个人账户基金值影响很大。我们对于按照 6% 记账利率和按照 2% 记账利率积累的基金值做了一个差值，在图上显示为最下方一条曲线，并对这条曲线添加了趋势线。可以看出，随着时间的延长，记账利率对基金积累值的影响更加明显。

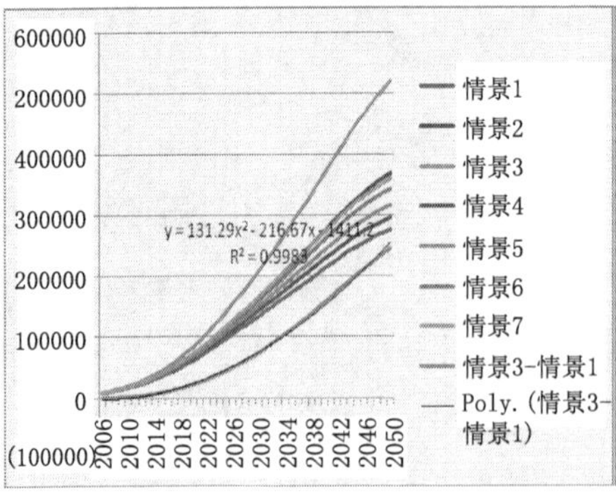

图 3-13　2006—2050 年度基金累积结余

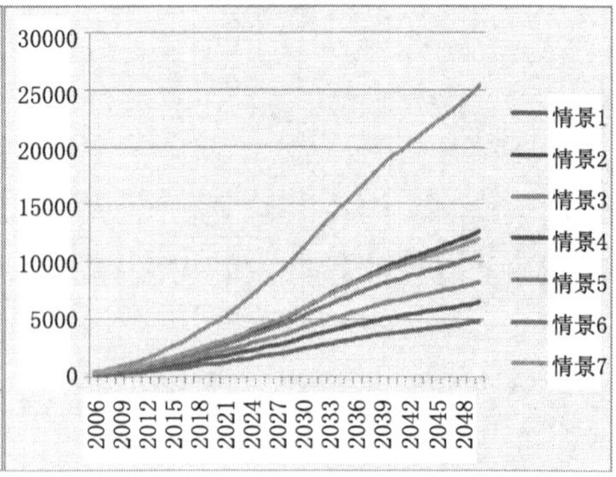

图 3-14　2006—2050 年年度保证成本

四、基金收益保证成本

个人账户的基金收益保证成本的度量采用了两种口径，一种是年度值口径，另一种是净现值口径，其中净现值口径的计量是为了能够在现在时点判断未来担保债务的大小。

1. 年度保证成本

2006—2050 年度各种情景下基金收益保证成本具体数值见附表 1-11。从图 3-14 也可以看出如果按照 6% 的利率积累，担保成本在 45 年中增加了 64 倍，而如果按照 2% 的利率积累，担保成本在 45 年中增加了 38 倍，可见两者差异非常大。如果按照 1 年期定期存款利率积累，担保成本在 45 年中增加了 40 倍。按照 2 年期定期利率积累，担保成本增加了 42 倍，按照 5 年期定期利率积累，担保成本约为 44 倍。

年度保证成本在不断增加，基金累积余额也在不断增加，年度保证成本和基金累积余额之间呈现的关系如图 3-15 和图 3-16 所示。从这两副图看出对于固定利率担保的三种情景，年度收益保证成本一直增加到 2020 年然后开始缓慢减少。对于随机利率担保的情形，年度收益保证成本与基金余额之间的关系从 2008 年一直处于一个相对平缓的趋势，而年度保证成本占基金余额的比值从 1.5% 变化到 6% 。

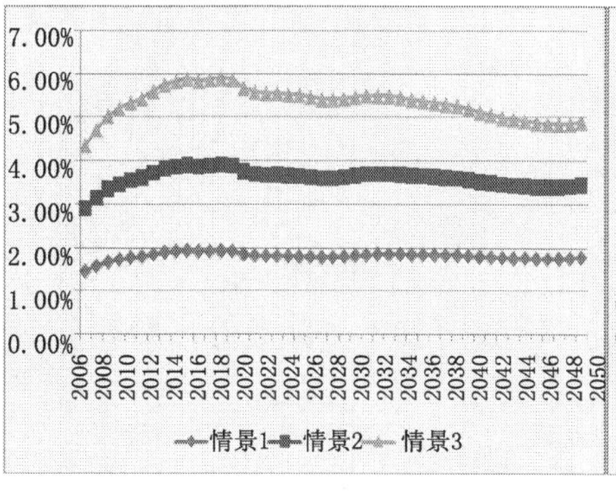

图 3-15　情景 1-3 年度保证成本/基金余额

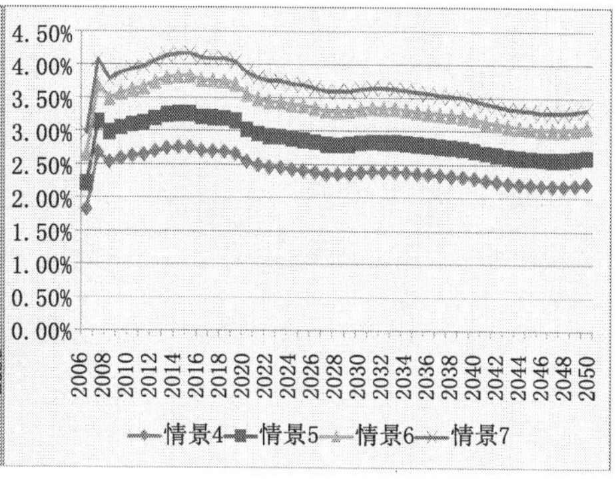

图 3-16　情景 4-7 年度保证成本/基金余额

2．保证成本现值

保证成本现值的计算是通过把每年的保证成本按照无风险利率进行贴现，然后再相加。无风险利率用 1 年期定期存款利率计量，就得到 7 种不同情景下保证成本现值的大小。通过图 3-17 比较可以发现保证成本现值大小的顺序是情景 1 最小，情景 3 最大，情景 4、5、6、7 介于保证利率 2% 和保证利率 4% 之间。因此，即使是 5 年期定期存款利率的保证利率，也没有固定利率为 4% 产生的保证成本高。实际上，保证利率为 5 年期定期存款利率的可能性并不高。

五、关键参数敏感性分析

1．工资增长率变化影响

在前面几种情景的测算下，工资增长率假设按照固定模式增长，这个增长年限及幅度是假设和 GDP 增长保持均衡的。设定 2005—2010 年平均工资增长速度为 9%，2011—2020 年平均工资增长速度为 6%，2020—2050 年平均增长速度为 3%。这种假设较为主观，实际上工资增长率应该滞后于 GDP 增长率。Teksoz and Sayan（2002）认为职工工资的增长应该随着物价指数调整和用来反映生产力增长工资及绩效工资三部分组成，用来反映生产力增长的工资和 GDP 的增长有关，假设滞后一期，绩效工资假设为 1%。那么工资增长率模型可以写为：

$$w_t = g_{t-1} + 1\%$$

w_t 为工资增长率，g_{t-1} 为 $t-1$ 年的实际 GDP 增长率，实际的 GDP 增长率是剔除通货膨胀影响以后的 GDP 增长率。

为了对工资进行随机化预测，需要对实际的 GDP 增长率进行预测，实际的 GDP 增长率可以用下述模型表示：

$$\ln(g_t + 1) = \mu_g + \sigma_g * z_t$$

z_t 为标准正态分布，u_g 和 $\sigma_g \mu_g \sigma_g$ 分别为 g_t 的均值和标准差。利用 GDP 年

度增长率的1978—2008年的历史数据，并进行价格指数调整，估计出的 u_g 和 σ_g 别为0.094和0.025，代入上述模型估计出未来各年GDP增长率，从而进一步估计出未来工资增长率的随机变动趋势，如图3-18所示。

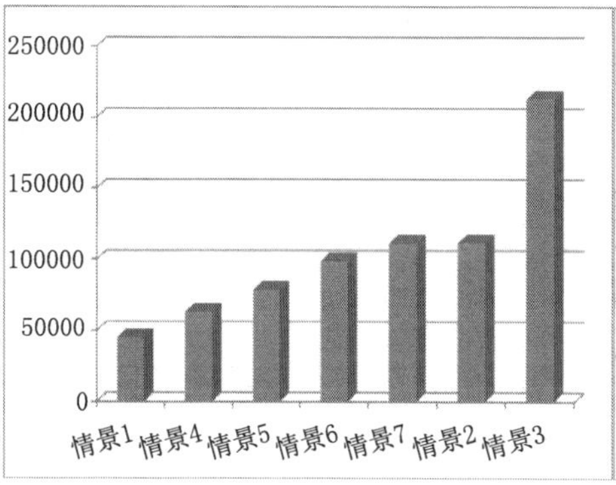

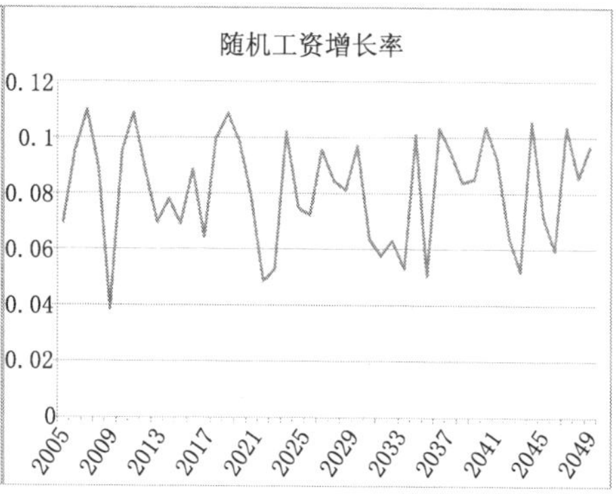

图3-17　7种情景下保证成本现值比较图　**图3-18　2009—2050年随机工资增长率预测**

按照随机工资增长率变动趋势估计各种情景下的保证成本，保证成本见附表1-12。与假设的工资增长率之间的差异进行比较发现，保证成本先减少，后增加，从2016年这种累计效果开始出现正向的变化，2022年两者这间的差异小于5%，但到2050年，保证成本之间的差异已经达到假设水平的1.5倍。具体数值见表3-3。

表3-3　工资增长率变动对保证成本的影响

		情景1	情景2	情景3	情景4	情景5	情景6	情景7
2010	假设工资变动	306	657	1059	473	568	679	745
	随机工资变动	307	659	1062	474	569	680	747
	差异	−1	−2	−2	−1	−1	−2	−2
2020	假设工资变动	1165	2736	4856	1709	2107	2591	2896
	随机工资变动	1135	2675	4765	1667	2057	2533	2832
	差异	31	61	91	42	50	58	63
2030	假设工资变动	3001	7254	13 394	4180	5191	6472	7273
	随机工资变动	2415	5984	11 334	3395	4244	5329	6013

续表

		情景 1	情景 2	情景 3	情景 4	情景 5	情景 6	情景 7
	差异	586	1270	2061	785	947	1144	1260
2040	假设工资变动	6735	16 352	30 524	9049	11 242	14 087	15 846
	随机工资变动	3826	9737	19 179	5217	6556	8328	9442
	差异	2909	6615	11 345	3832	4686	5758	6404
2050	假设工资变动	13 240	32 206	60 257	17 417	21 642	27 203	30 619
	随机工资变动	4872	12 613	25 389	6519	8219	10 520	11 964
	差异	8368	19 592	34 867	10 898	13 422	16 682	18 656

2. 担保收益率变化影响

担保收益率是影响担保成本大小的一个重要因素，担保收益率高低决定了基金累计额的高低，从而也决定了担保成本的高低。本章设定了 7 种担保收益率情景，包括 3 种固定收益率情景和 4 种随机收益率情景。由于这里没有考虑通货膨胀影响，因此其中 1 年期定期存款做为担保收益率的情景可以看作名义上保值的情形。这样有 3 种固定收益率和 3 种随机利率。可以分别看做固定收益率情景和随机收益率情景。

由于固定收益率设定为 2%、4% 和 6% 时，变化之间的差异较大，因此我们又考虑从 1% 变化到 6% 的几种情况，形成担保成本的变化分布见表3–4。从表中可以看出，收益保证成本在记账利率为 1% 时，从 2010 年的 148 亿变化到 2050 年的 2158 亿元，增加了 14.6 倍；当记账利率为 3% 时，保证成本从 477 亿增加到 8248 亿元，增加了 17.3 倍；当记账利率为 6% 时，保证成本从 1062 亿增加到 25 389 亿元。2010 年记账利率为 6% 的收益保证成本是利率 1% 时的 7.2 倍，到了 2050 年这个比例上升为 11.7 倍，可见记账利率自身的 6 倍，并且这个倍数效应有不断放大的趋势。

表 3-4　固定收益率变动对应的保证成本　　　　单位：亿元

	1.0%	1.5%	2.0%	2.5%	3.0%	3.5%	4.0%	4.5%	5.0%	5.5%	6.0%
2010	148	226	307	390	477	566	659	755	854	956	1062
2020	523	817	1135	1475	1844	2242	2675	3135	3636	4176	4765
2030	1090	1717	2415	3172	4013	4942	5984	7102	8359	9751	11 334
2040	1708	2705	3826	5050	6428	7967	9737	11 626	13 806	16 263	19 179
2050	2158	3431	4872	6453	8248	10 269	12 613	15 128	18 057	21 385	25 389

把这几种固定利率情景和现行的记账利率1年期银行定期存款利率的保证成本进行比较，不难发现，如果按照2.5%的固定收益率记账，担保成本和现行的记账利率相差非常小，如图3-19所示。这也说明现行的记账利率相当于为个人账户提供了大约每年2.5%的收益率保障。这个收益率相对来说较低，无法抵御账户基金可能遇到的各种风险。

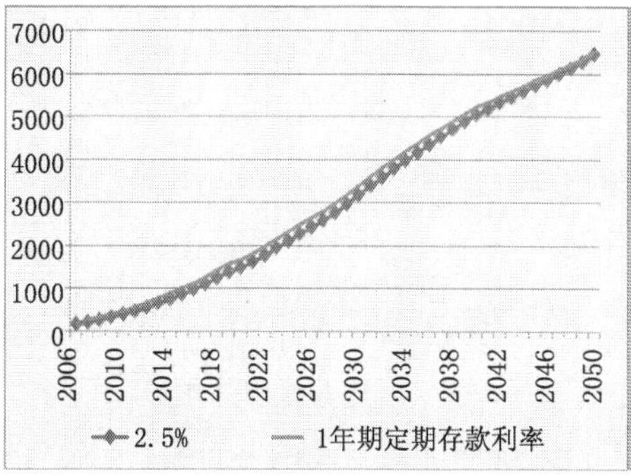

图 3-19　2.5%和1年期存款利率下保证成本

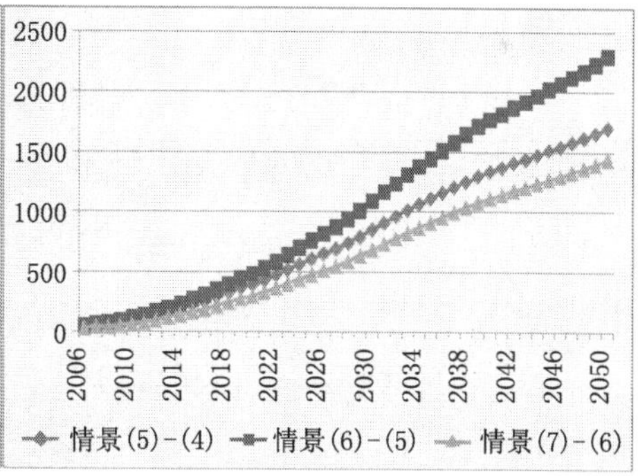

图 3-20　随机收益率情景下担保成本变动

对于随机收益率设定的3种情形，如图3-21所示，由于担保收益率最高设定为5年期定期存款利率，而更长期的定期存款利率也不太可能做为设定的担保收益率。因为一旦设定的水平太高，对于财政来说是一笔非常大的负债，尤其是在工资增长速度较快，基金积累值过大时，将会造成一定的财政支付风险。针对3种现有的银行存款利率和1年期定期存款利率进行比较。

比较中发现：从2年期银行存款变动到3年期银行定期存款利率带来的保证成本增加最多，从3年期定期存款增加到5年期定期存款利率增加的幅度最小。

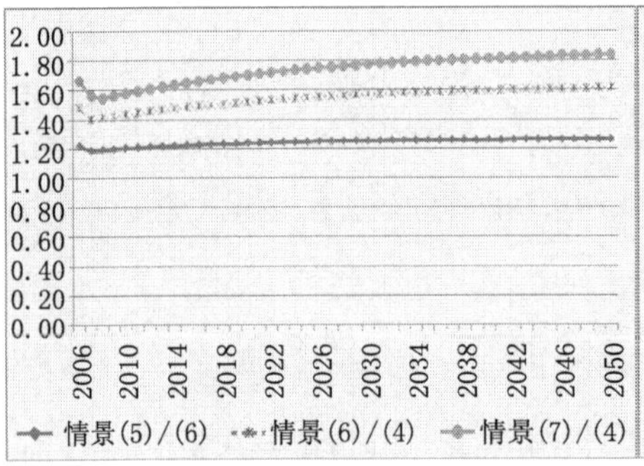

图3-21　情景5-7相对于4保证成本比值

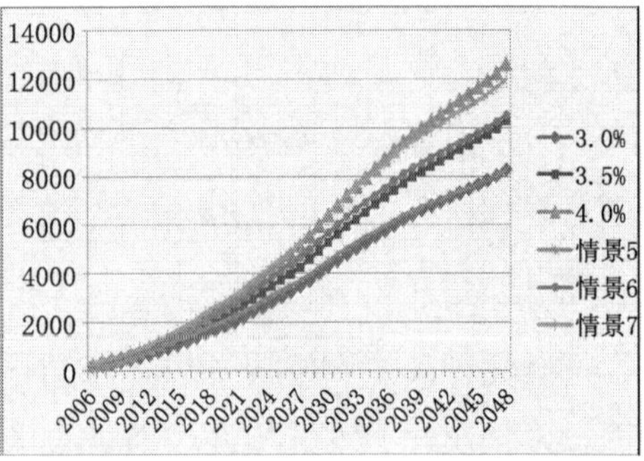

图3-22　固定和随机收益率担保成本比较

图3-21可以看出，相对于现行的1年期定期存款利率，2年期的保证成本相对于1年期的情形比较稳定，一直保持在1.2倍的水平。3年期定期存款利率做为担保利率的情形，其担保成本从现行保证利率对应成本的1.4倍增加到1.6倍。5年期定期存款利率做为担保利率时，保证成本先从1.6倍减少到1.5倍后又逐渐增加到1.8倍。

图3-22对固定收益率担保成本和随机收益率担保成本进行比较，可以发现除了前面的1年期银行定期存款利率相当于2.5%的固定收益率担保成本外，2年期定期存款利率相当于3%的固定收益率，3年期定期存款利率成本接近3.5%固定收益率担保对应的成本，5年期定期存款利率担保成本相当于4%的固定收益率担保成本。

3. 通货膨胀率变化影响

通货膨胀率的预测机制通常被描绘成类似一个生产过程，通货膨胀预测机制包括以下内容：数据管理、信息收集、适当的统计机制、合理传导机制。从国外研究来看，最具影响力的通货膨胀预测模型是基于失业率的菲利普斯曲线模型，其理论基础是菲利普斯曲线，即通货膨胀与过去的失业率存在交替关系，反映的是凯恩斯学派对通货膨胀的观点。第二种预测模型是印尼Uma Ramakrishman and Athanasios Vam-vakidis 等学者（2002）利用分布滞后模型构建的一个通货膨胀预测模型。第三种预测模型主要运用时间序列来构建模型。AR（au-toregression）自回归模型是一个一元线性模型。与其他精致的预测模型相比，虽然简单，但也常被认为是最具有竞争力的预测模型❶。刘金全等（2006）对通货膨胀率的波动路径是否发生结构转变进行了检验，结论是我国通货膨胀动态路径在历史上存在两次明显的结构转变，但没有对未来进行预测。王少平（2006）运用 SETAR（Self-Exciting Threshold Auto Regresive）模型对我国通货膨胀率进行拟合与预测，他通过运用该模型与 AR（P）模型的拟合效果进行对比，认为该模型明显优于 AR 模型。肖曼君，夏荣尧（2008）建立了 BP（Back Propagation）（1，1，10）模型用来拟合过去的通货膨胀率。李旭东（2008）采用 BP 神经网络预测通货膨胀率，但是只给出了 2008 和 2009 年的通货膨胀率预测值。陈琳（2008）通过分解通货膨胀影响因素，采用多元回归分析得出影响通货膨胀率变化的主要因素有 GDP 、*M*0 和原材料价格指数。这些研究从不同角度对我国通货膨胀率的历史数据进行拟合，得到的一些模型效果较为不错，但是这些预测一般比较适合短期的情形，对于本书要研究的长期通货膨胀率到目前为止没有相对权威的预测值。因此，本书采用历史数据的几何平均数 3% 来代替未来各年的通货膨胀率，虽然这样的预测也存在一定的主观性。

由于个人账户在缴费期间的工资变化没有随着物价指数进行调整，退休个人账户领取采用的是给定年金系数，也没有涉及退休工资按照物价指数进行调整，所以这里通货膨胀率对名义的保证成本没有造成影响。如果说工资增长模式和通货膨胀率挂钩，退休工资随着物价指数调整，那么通货膨胀率对于保证成本的影响将是明显的。

---

❶ 肖曼君，夏荣尧．中国的通货膨胀预测：基于 ARIMA 模型的实证分析．上海金融，2008 年第 8 期，38 页—42 页。

第四节　深层次问题探讨

一、担保成本的财政可承受性

个人账户名义保证利率的差异会导致担保成本的差异。从前面的各种情景比较可以发现，记账利率的高低带来的担保成本几倍甚至十几倍的变化。这种变化在测算时是允许的，但是对于现实情况，还需要考虑财政的可承受性和可持续性。如果没有这个条件的保证，那么再高的名义记账利率最终也无法兑现。

现有关于财政收入和财政支出数值预测的研究较少，常用的有时间序列ARMA（Aato Regresive Integrated Moving Arerage Model）模型的预测方法，但是历史数据较少，并且考虑到ARMA模型预测的短期性，本书采用财政支出增长速度与GDP增长速度之间的关系来预测。未来GDP增长速度预测根据Teksoz and Sayan（2002）设定的$\ln(g_t+1)=\mu_g+\sigma_g*z_t$随机模型形式。表3-5列出了我国从1989年到2008年国家财政收入和支出及其增长速度情况，从图3-23可以看出财政收入和财政支出以每年平均17.83%和17.59%的速度在增长，GDP以每年平均9.7%的速度增长，直观上看，财政支出的增长速度约为GDP增长速度的1.8倍。但是，这只是直观的感觉，通过对GDP增长速度和财政支出增长速度做线性回归分析，R^2为0.92，回归系数为1.7。但是这里没有以1.7倍GDP增长速度，而是以2倍GDP增长速度为预测的基础。这样做的原因是基于这些数据中财政支出增长速度超过2倍GDP增长速度的数据接近一半。所以财政支出增长速度的预测来自GDP增长速度，具体预测的数据见附表1-13。

表 3-5　1989—2008 年国家财政收支情况

	国家财政决算收入增长速度（%）	国家财政决算支出增长速度（%）	国内生产总值增长速度（%）
1989	13.1	13.3	4.1
1990	10.2	9.2	3.8
1991	7.2	9.8	9.2
1992	10.6	10.5	14.2
1993	24.8	24.1	14.0
1994	20	24.8	13.1
1995	19.6	17.8	10.9
1996	18.7	16.3	10.0
1997	16.8	16.3	9.3
1998	14.2	16.9	7.8
1999	15.9	22.1	7.6
2000	17	20.5	8.4
2001	22.3	19	8.3
2002	15.4	16.7	9.1
2003	14.9	11.8	10.0
2004	21.6	15.6	10.1
2005	19.9	19.1	10.4
2006	22.5	19.1	11.6
2007	32.4	23.2	13.0
2008	19.5	25.7	9.6

资料来源：中经网统计数据库，http：//db.cei.gov.cn/

1．固定担保收益率对应的保证成本与财政支出关系

从图 3-24 可以看出固定收益率对应的保证成本占财政支出的比重最低是从 0.2% 增至 0.4% 逐渐减少，最高是从 1% 增加至 1.4% 然后逐渐减少。图 3-25是现行记账利率保证成本与财政支出的关系，现在记账利率保证成本占财政支出的比重是从 0.4% 升至 0.6%，然后逐渐减小。有所不同的是，按照

固定收益率记账成本占财政支出的比重是呈现缓慢增、缓慢减的趋势，于2013年达到最大值。这样一个趋势。按照现行保证利率实际上在2007年达到一个最高点外，就开始缓慢地衰减。固定利率的中水平记账利率保证成本占财政支出比重也高于现行记账利率0.2个百分点。情景1、情景2和情景3所占比重在增高后分别于2015、2017和2020年达到2006年的初始水平，而情景4所占比重在增高后于2018年达到初始水平。

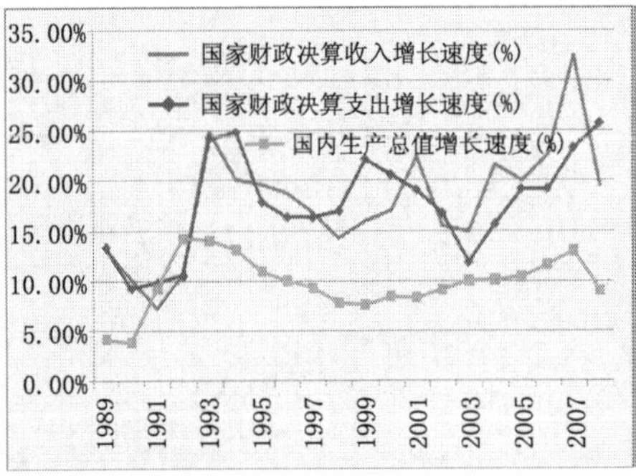

图3-23　财政收入、支出及GDP增长速度

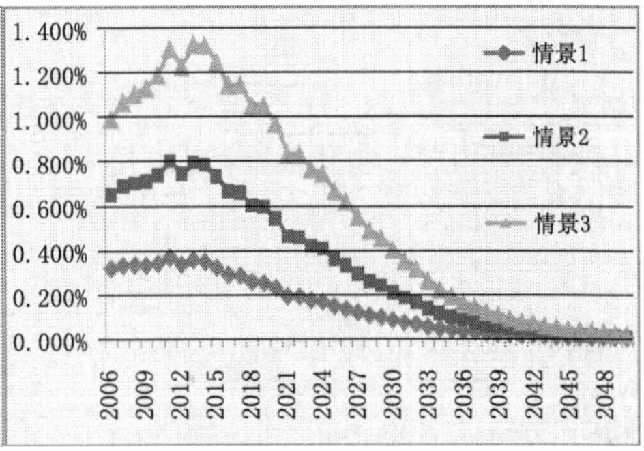

图3-24　固定收益率保证成本与财政支出关系

2. 随机担保收益率对应的保证成本与财政支出关系

从图3-26可以看出随机收益率对应的保证成本占财政支出的比重变化幅度小于固定收益率下的三种情景，分别从0.5%到0.9%之间缓慢衰减。从图形上可以看出，由于保证利率的随机性，年度保证成本占财政支出的比重相对于固定收益率情形下，波动也更加明显。情景5、情景6和情景7所占比重在增高后分别于2016、2018年，2018年达到2006年的初始水平，而情景4所占比重在增高后于2018年达到初始水平。这说明情景6和情景7与现行记账利率对应保证成本与财政支出之间的关系更为相似和接近。

总体上，保证成本占财政支出的比重都非常小，尽管保证成本只是财政在养老金领域承担的非常小的一部分责任，却能给广大居民带来较高的安全感和心理效用。由于没有实际的调查数据，加上效用度量的困难性，因此无法比较记账利率从1年期定期存款利率分别变化到2年期、3年期或者是某个固定收益率的值时，参保人心理效用的改变情况。

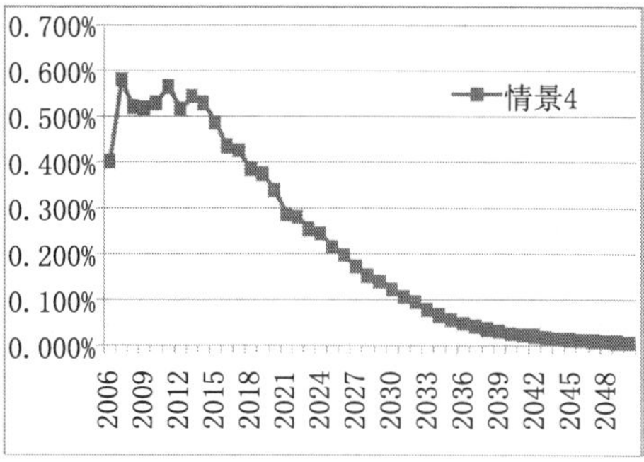

图 3-25　现行记账利率成本与财政支出

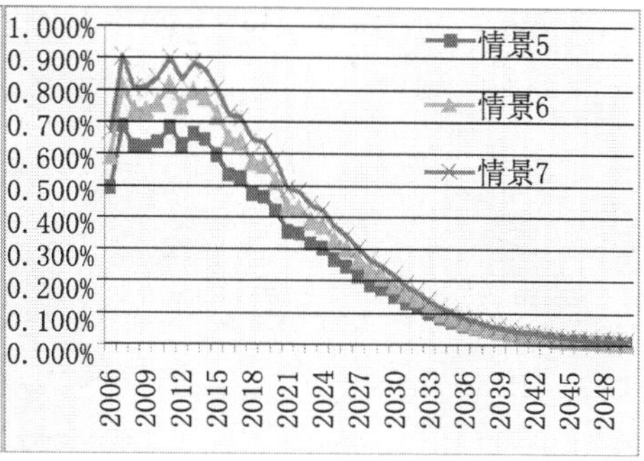

图 3-26　随机收益率保证成本与财政支出

二、记账利率设定高低的探讨

记账利率设定高低与否不能单纯从担保成本越小越好来判断，需要综合考虑，权衡各方面因素。

第一，记账利率要高于无风险利率。记账利率高于无风险利率在前面已经从机会成本、资金时间价值和使用权转让三个维度进行了分析。如果按照高于无风险利率的标准，那么按照固定收益率记账的话，这个记账利率必须保证高于2.5%，如果按照随机利率记账的话，可供选择的有2年期定期存款利率，3年期定期存款利率以及5年期定期存款利率。当然这些都是在没有考虑通货膨胀因素的名义收益率。

第二，担保成本要与财政能力相适应。尽管高于无风险利率的要求是一个基本条件，但是提供的收益率对应的保证成本要与财政能力相适应是一个必要条件，如果财政负担不起，那么计划的稳定性就会受到考验。从上面的财政可承受性分析来看，虽然单纯从指标数值大小来看都不是很高，但是如果我们细分目前财政的各项支出（表3-6）就可以看出，国家财政用在社会保障和就业项目上的支出为10.94%，那么对于设定的担保收益率为6%的情形没有可能，因为在2020年以前其对应的保证成本已经占到当年财政支出的1%，相当于占到社会保障和就业支出的10%左右，这是一笔非常大的支出。同样5年期定期存款利率对应的保证成本占到财政支出的比重在2020年之前也在0.7%和0.9%之间。而国家财政用在文化体育与传媒上的支出占1.81%，用在外交上的支出仅占0.43%。相对财政用在这两项的支出来看，国家财政没有能力为个人账户设定如此高的收益率。

因此结合第一条和第二条的分析，担保收益率应集中在3%到4%的年度固定收益率水平和2年期及3年期定期存款利率的水平。由于人们对银行存款利率的信任程度较高，在担保成本相差不大的情况下，设定记账利率与2年期或者3年期定期存款利率更为适合。

表3-6 2007年国家财政支出项目表 **单位：亿元**

项　　目	国家财政支出	构成
总计	49 781	100.00%
一般公共服务	8514	17.10%
外交	215	0.43%
国防	3555	7.14%
公共安全	3486	7.00%
教育	7122	14.31%
科学技术	1783	3.58%
文化体育与传媒	899	1.81%
社会保障和就业	5447	10.94%
医疗卫生	1990	4.00%
环境保护	996	2.00%
城乡社区事务	3245	6.52%
农林水事务	3405	6.84%
交通运输	1915	3.85%
工业商业金融等事务	4257	8.55%
其他支出	2952	5.93%

资料来源：中华人民共和国国家统计局．中国统计年鉴2008．北京：中国统计出版社

第三，记账利率要考虑经济发展水平因素和通货膨胀因素。经济发展水平和通货膨胀因素都对记账收益产生影响，在经济较快发展和通货膨胀率较

高的情况下，如果记账利率仍不和通货膨胀挂钩的记账利率，就会导致个人账户记账收益相对贬值。因此，在通货膨胀率和经济增长率超过常规值某个范围后，比如超过2倍标准差的情况。那么可以对下一年的记账利率考虑按照通货膨胀率和经济增长率加权平均的一定比例进行调整，也就是下一年名义记账利率表示成：

$$名义记账利率 = 名义记账利率 + \alpha\% \times [k \times 通货膨胀率 + (1-k) \times 经济增长率]$$

需要注意的是，这种调整并不是经常进行，只是在经济状况和通货膨胀异常的年度，这相当于基金的异常值处理。这样做不仅对保值基金收益有帮助，同时也会增加居民对政府的信任度，认为强制缴费的个人账户交由政府管理是安全的，也增加个人缴费的积极性并对个人参加养老保险起到促进作用。当然也额外增加了政府财政的担保成本，所以并不适合经常性操作。

第四，个人账户做实后，保证利率可以设定为双限担保。通过前面分析，个人账户在没做实的情况下，提供的收益率保证，最高不会超过6%的固定收益率，否则超出了财政承受的范围，同样也不会超过5年期定期存款利率。担保收益率水平不能太高的主要原因是这种担保完全是单向，基金并没有办法投向资本市场运作，无法产生正向的收益。但是如果在个人账户逐渐做实的过程，个人账户基金必然会投向资本市场，必然会产生收益，这种收益在有些年度可能会很低，有些年度可能会很高。提供最低的收益率担保满足了个人账户下方风险规避的作用，为了减少担保的成本，基金投资运作的上方收益可以存入个人账户的基金准备金账户，用以抵补低收益率年度的亏损，设定双限收益率担保。担保收益率的下限可以考虑按照我们前述分析的2年期或3年期定期存款利率，担保收益率的上限可以考虑为固定利率10%，因为通过对以往各年度的社会保障基金投资收益率的分析（见表3-2），2006年和2007年的投资收益率高达29%和43%，而在2005年以前各年度的收益率最高不超过4%，所以当设定上限收益率之后，那么提供一定的最低收益率保障成本就会低很多，当然也就限定了个人账户不会有很高的超额收益。

第五节 本章小结

本章首先介绍了基本养老保险个人账户的基本情况，包括个人账户缴费情况和个人账户记账利率情况。随后针对个人账户的现状和未来发展两种情形分析了不同的收益担保制度。考虑到现实情形的重要意义，本章分析了基本养老保险个人账户的总体担保成本评估方法，并给出评估结果，最后对担保成本的财政可承担性和记账利率高低进行了探讨。第一支柱的个人账户由于政府是主要的担保人，成本评估从总体的角度展开。由于第二支柱的企业年金个人账户是自愿缴费的，政府不再是主要的担保人，评估需要从个体的角度出发，至于其个人账户应建立怎样的保证制度、成本该如何评估则在第四章展开研究。

第四章　企业年金个人账户收益保证成本评估

企业年金制度从建立到现在虽然时间短暂，发展速度却很快。从2004年两个《企业年金基金管理试行办法》（后文简称“办法”）确立企业年金制度框架以来，企业年金的各项业务一直积极地展开。企业年金账户采用完全基金积累制，积累的基金在资本市场投资运作。由于我国企业年金制度尚处于起步阶段，试行办法对企业年金账户的投资实行严格的数量限制，对企业年金基金投资范围和投资比例作出了明确的规定。随着中国资本市场的不断深化发展，这种限制将会给企业年金基金的投资带来一定的效率损失。为确保企业年金基金成员利益，很多国家逐步放宽企业年金基金投资限制，转向对基金收益提供某种程度的最低收益保证制度。对于我国的企业年金投资管理也应借鉴国际经验，慢慢放开投资比例限制，采用审慎投资人原则，为基金投资收益设定收益率保证。这样既限定了基金受益人的下方风险，又增加了基金投资的效率，推动养老基金投资管理的发展。处于起步阶段的中国企业年金基金投资应该建立怎样的最低收益保证制度，个人账户保证成本又该如何度量？本章针对中国处于起步阶段的企业年金基金建立收益保证制度，构建不同的担保方案和对应的保证成本评估。

第一节　企业年金个人账户基金介绍

一、企业年金发展基本情况

中国企业年金制度从建立起经过五个阶段十多年的发展历程，通过政府对企业年金政策的制定和调整可以看出，中国的企业年金制度不论是从补充养老保险的目标定位还是从企业员工福利的视角分析，都在发展中不断进步，在调整中不断完善。从总体来说，企业年金基金虽然达到了一定的规模，但是与我国的经济发展水平、居民收入状况的均衡有一定的差距。

（1）企业年金发展迅速，但覆盖率低、分布不均衡

2001 年时，我国的企业年金总额仅有 191 亿元，到 2006 年已经达到 910 亿元之多。每年的增长速度都在 30% 以上，最高年份甚至达到 42% 的增速，到 2012 年末企业年金总额达到 4821 亿元。据世界银行预测，到 2030 年该企业年金规模有望达到 15 万亿元，成为世界上第三大企业年金市场[1]。2000 年约有 1.6 万个企业建立企业年金，560 万参保职工；2001 年有 1.7 万个企业的 655 万职工参保；2005 年底，参保企业数为 2.4 万个，参保职工为 924 万人；2012 年年底，参保企业数达到 5.5 万个，参保职工为 1846.55 万人；但从同期企业年金参保人数与基本养老保险参保人数的比值来看，2000 年为 5.36%、2005 年为 7.04%、2012 年为 8.03%，可以发现企业年金的覆盖率还是非常低的。企业年金地区之间的发展则更加不平衡，主要是由于我国区域经济发展水平差异较大，沿海和发达省份与内陆落后省份企业年金参保比例、基金规模相差悬殊。此外，全国建立企业年金制度的省份主要分布在在人力资源和社会保障部备案的中央企业和广东、上海市、江苏省、安徽省、北京

[1] 范海东．我国企业年金制度研究，博士学位论文，厦门：厦门大学，2007 年，39 页。

市等发达省市❶，共占企业年金基金余额的 74%。

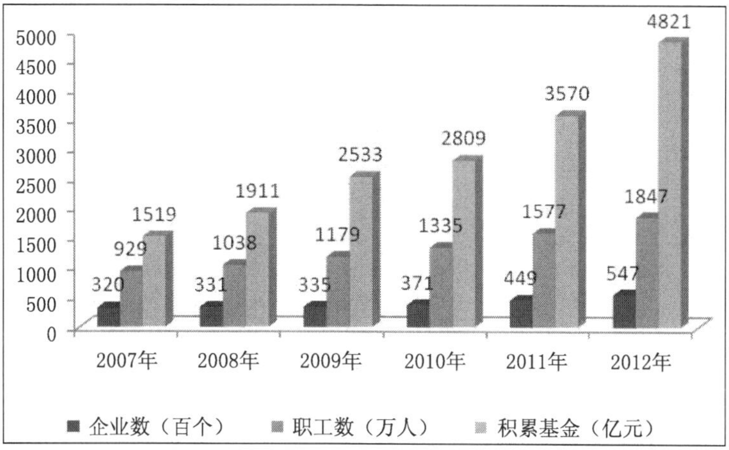

图 4-1　2007-2012 年企业年金基本情况

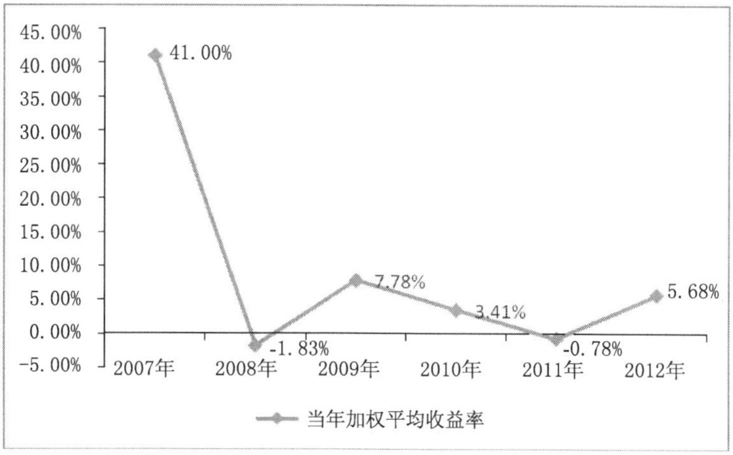

图 4-2　2007-2012 年企业年金基金投资收益率图

（2）企业年金基金运作模式和投资收益率差异大

2004 年劳动和社会保障部 20 号令、23 号令和 24 号令出台之前的企业年金主要有三种模式：企业自行管理、社保机构经办和保险公司经办。新制度建立

❶　资料来源：《全国企业年金基金业务数据摘要 2012 年度》。

之后，要求企业年金按照新的受托模式或者理事会模式建立，但是目前这三种模式仍然都存在，并有进一步增加的趋势❶，截止到2012年年末，企业年金建立计划数1233个，其中，单一计划1157个，法人受托915个，理事会模式242个；集合计划48个，企业计划28个❷。多种模式并行的结构，使得各地区对企业年金制度的认知程度有所不同，出台了不同的企业年金办法，规定了不同的税收优惠比例。

表4-1　2012年全国企业年金基金投资组合收益率分布情况

组合收益率（R）	样本组合数（个）	样本期末资产金额（亿元）
$R \geq 8\%$	77	168.44
$8\% > R \geq 6\%$	484	1441.99
$6\% > R \geq 4\%$	921	2065.66
$4\% > R \geq 2\%$	251	311.33
$2\% > R \geq 0$	33	32.38
$R < 0$	—	—
合计	1766	4019.8

表4-2　企业年金基金不同期间组合投资收益率情况表❸

组合起始运作时间	组合运作期间	样本组合数（个）金额（亿元）	样本期末资产	加权年平均收益率
2007年前	满6年	25	88.6	7.66%
2008年前	满5年	176	355.72	2.60%
2009年前	满4年	451	1327.95	4.36%
2010年前	满3年	865	2271.58	2.85%
2011年前	满2年	1348	3265.79	2.53%
2012年前	满1年	1766	4019.8	5.68%

❶ 郭琳．中国养老保障体系变迁中的企业年金制度研究．北京：中国金融出版社，2008年，85页。

❷ 资料来源：《全国企业年金基金业务数据摘要2012年度》。

❸ 注：样本为投资运作满N年的投资组合，投资收益率计算方法为符合条件样本组合单位净值增长率年化的基础上规模加权，以组合运作以来各季度末平均资产规模为权重。各组合年化收益率采用的是几何年化方式，即年化收益率＝（1+累计收益率）^(1/N)－1。

从2007年到2012年各年的投资收益率来看波动幅度非常大，与平均收益率8.35%相比，各年收益率的平均波动幅度达到16%（如图4-2所示）；从2012年年末全国企业年金基金投资组合收益率分布情况来看，53%的年金计划组合收益率集中在4%～6%之间，收益率高于8%的计划数占比约4%，收益率低于2%的计划数占比约2%；从企业年金基金持有时间来看，组合运作满6年以上的加权年平均收益率最高，组合运作1年以内的加权年平均收益率其次，加权年平均收益率和企业年金持有年限并无明显相关关系，但持有期限的组合数和持有期限呈一定的相关关系，持有时间越长，企业年金计划组合数越少（表4-2）。

二、企业年金投资监管规定

（1）企业年金基金投资原则

新的《企业年金基金管理办法》自2011年5月1日起施行，2004年2月23日发布的《企业年金基金管理试行办法》废止，2012年人力资源和社会保障部就企业年金基金投资的范围又发布了《关于扩大企业年金基金投资范围的通知》。

《办法》为了控制企业年金基金的投资风险，第46条[1]规定了投资的准则。按照规定所说的谨慎原则，和国外法律强调的“审慎人准则”是相似的。“审慎人准则”要求受托人必须审慎管理委托人托管资产，对待委托财产如同对待自有资产。长期以来，“审慎人准则”一直作为保证资产安全和降低风险的法律指引，信托受托人多被规定受托资产只能投资于特定低风险资产，如银行存款、债券等，而投资于股票和房地产及衍生产品等被认为不谨慎[2]。这种做法虽然减少了某些特定的风险，但投资缺少效率，通货膨胀、

[1] 投资原则：“企业年金基金投资管理应当遵循谨慎、分散风险的原则，充分考虑企业年金基金财产的安全性、收益性和流动性，实行专业化管理。”

[2] 程刚．国际上养老基金风险控制的经验借鉴．中国劳动保障报，2006-08-17。

资产长期增值等问题却被忽视了。随着现代投资组合理论的发展，风险控制的重点不再是单项资产，而是转向全盘考虑整个资产组合。另外还要求在委托代理人行使职责及在选择、监督代理人的过程中必须审慎进行决策，并要求投资时须仔细考虑投资的费用[1]。关于安全性和流动性原则，按照规定投资于银行活期存款、中央银行票据、债券回购等流动性产品及货币市场基金的比例，不得低于投资组合企业年金基金财产净值的 5%；清算备付金、证券清算款及一级市场证券申购资金视为流动性资产；投资债券正回购的比例不得高于投资组合企业年金基金财产净值的 40%，所以在投资管理过程中要考虑保留部分资产的低风险性和可变现性。

（2）企业年金投资范围和投资比例规定

关于企业年金投资范围，根据《办法》第 47 条规定[2]：中国企业年金基金财产限于境内投资，投资范围包括银行存款、国债、中央银行票据、债券回购、万能保险产品、投资连结保险产品、证券投资基金、股票，以及信用等级在投资级以上的金融债、企业（公司）债、可转换债（含分离交易可转换债）、短期融资券和中期票据等金融产品。该条规定将投资产品按照其风险和收益大小的特征进行了排列。除此之外，《通知》中企业年金投资范围拓展了第 47 条规定的金融产品之外，增加商业银行理财产品、信托产品、基础设施债权投资计划、特定资产管理计划、股指期货。从低风险低收益的银行存款、国债、短期债券回购，到风险和收益程度适中的金融债、企业债和可转换债，再到风险和收益程度相对较高的投资性保险产品、证券投资基金和股票等高风险投资行为。关于企业年金资产投资比例，《通知》对《办法》

[1] 程刚．国际上养老基金风险控制的经验借鉴．中国劳动保障报，2006-08-17。

[2] 第 47 条规定："企业年金基金财产限于境内投资，投资范围包括银行存款、国债、中央银行票据、债券回购、万能保险产品、投资连结保险产品、证券投资基金、股票，以及信用等级在投资级以上的金融债、企业（公司）债、可转换债（含分离交易可转换债）、短期融资券和中期票据等金融产品。"

中第48条重新进行修正，规定了各种风险资产的投资比例❶。当然，这种投资比例限制是动态的限制，即在各时点企业年金基金组合中各种资产的投资比例不能超过本条规定，这种限制规定在未来也有可能有所放松。企业年金基金对单只股票或基金的投资比例，《办法》第49条❷也做了相应的规定。这样做的目的是为了防止企业年金风险过于集中。如果基金投资集中于少数证券将有可能产生流动性风险和道德风险，也不符合风险分散的原则。

第二节 收益保证制度设计

一、收益保证制度建立必要性分析

由于企业年金投资运行时间短、资本市场不健全等各种条件的限制，目前我国在企业年金投资管理方面仍存在投资渠道狭窄、资产配置单一等问题。从投资渠道来看，目前我国企业年金仍以银行存款、国债等金融产品为主要投资方向。投资工具的缺乏，特别是金融衍生避险工具的缺乏使得我国企业

❶ 第48条规定：“（1）投资银行活期存款、中央银行票据、一年期以内（含一年）的银行定期存款、债券回购、货币市场基金、货币型养老金产品的比例，合计不得低于投资组合委托投资资产净值的5%；清算备付金、证券清算款以及一级市场证券申购资金视为流动性资产。（2）投资一年期以上的银行定期存款、协议存款、国债、金融债、企业（公司）债、可转换债（含分离交易可转换债）、短期融资券、中期票据、万能保险产品、商业银行理财产品、信托产品、基础设施债权投资计划、特定资产管理计划、债券基金、投资连结保险产品（股票投资比例不高于30%）、固定收益型养老金产品、混合型养老金产品的比例，合计不得高于投资组合委托投资资产净值的135%。债券正回购的资金余额在每个交易日均不得高于投资组合委托投资资产净值的40%。（3）投资股票、股票基金、混合基金、投资连结保险产品（股票投资比例高于30%）、股票型养老金产品的比例，合计不得高于投资组合委托投资资产净值的30%。企业年金基金不得直接投资于权证，但因投资股票、分离交易可转换债等投资品种而衍生获得的权证，应当在权证上市交易之日起10个交易日内卖出。”

❷ 第50条规定：“单个投资组合的企业年金基金财产，投资于一家企业所发行的股票，单期发行的同一品种短期融资券、中期票据、金融债、企业（公司）债、可转换债（含分离交易可转换债），单只证券投资基金，单个万能保险产品或者投资连结保险产品，分别不得超过该企业上述证券发行量、该基金份额或者该保险产品资产管理规模的5%；按照公允价值计算，也不得超过该投资组合企业年金基金财产净值的10%。单个投资组合的企业年金基金财产，投资于经备案的符合第四十八条投资比例规定的单只养老金产品，不得超过该投资组合企业年金基金财产净值的30%，不受上述10%规定的限制。”

年金投资效率低下、面临巨大的风险。从资产配置来看，与发达国家的企业年金方案设计多样、配置方案灵活多变、投资管理方式不断创新相比，国内在这些方面仍有很大差距，具体体现为投资收益率低，缺少收益保障机制。投资渠道狭窄、资产配置单一最直接的后果就是年金的投资收益率偏低。近年来企业年金的投资收益率多徘徊在2%～4%左右，如此低的投资收益率不管是对个人还是对企业来说，都缺乏吸引力。《办法》虽然规定了风险准备金，由受托的投资管理机构提供的风险补偿。但是除了风险准备金，并没有规定如果投资管理机构投资失败，将如何保障企业年金账户的安全。相比较而言，世界上许多国家政府都通过立法形式，在对基金投资的各个环节采取相应风险控制措施的基础上，建立了相应的安全保障基金，作为保护基金受益人利益的一道防线。

我国目前对企业年金基金投资实行较为严格的限制，对企业年金基金投资高风险资产的范围和投资比例都做出了明确的规定。这种限量投资模式是基于中国当前的宏观金融环境、监管能力、微观治理水平，以及中国企业年金初期阶段对风险的承受能力而作出的理性选择。虽然中国现行的年金投资监管政策具有一定的历史合理性，充分保障了年金资产的安全，但随着中国资本市场的不断深化发展，这种限制就会给企业年金基金投资带来了效率损失。此外，对于DC型的养老金个人账户持有人在基金管理的过程中可能遭遇各种各样的风险，如金融市场投资风险、由委托代理制度产生的道德风险、年金计划的破产风险等，有的风险可以规避，有的则无法规避。最后很可能个人账户在退休时发生巨额损失，这些风险因素的存在都对年金基金投资收益率提出了更高的要求，不然就有可能存在基金无法保值和增值的危险，无法保证退休后的生活水平。

为确保企业年金基金成员利益，很多国家都对企业年金基金收益进行某种程度的担保。拉美和中欧国家通常采用相对值的担保形式，即达到所有年金投资收益的均值或某个收益基准的一定比例。例如，智利规定某个基金的投资收益率必须高于全部养老金基金行业平均收益率的50%，阿根廷该比例为70%。另外一些国家则规定，年金的投资收益率必须达到某个具体数额（名义值或实际值）。例如，瑞士养老基金的名义投资收益率必须高于4%，乌拉圭的实际投资收益率必须高于2%。作为保证，监管机构要求各养老基金或出资成立中央担保基金，或自行提取一定比例作为储备，或由基金管理公司的自有资本作支撑，总体上是根据资产规模或基金承担风险的大小确定提供的资本或储备。对于我国的企业年金投资管理也应借鉴国际经验，顺应世界养老金改革的需要，慢慢放开投资比例限制。因此非常有必要为基金投资收益设定最低收益率保证，这样既限定了基金受益人的下方风险，又增加了基金投资的效率，能有效推动养老基金投资管理的发展。

二、收益保证制度模式分析

中国的企业年金基金缴费属于非强制性行为，通常是有条件的企业为其职工提供企业年金个人账户并为之缴费。因此企业年金基金和企业之间的关系密切，但和整个社会的人口结构关系不大。企业委托一定的机构对企业年金基金进行投资运作，如果没有任何的最低收益保证，就会存在投资管理人的道德风险，年金基金的安全性受到威胁，因此需要建立最低收益率的担保制度。由于担保是一种权利，必然存在成本，担保的收益率越高，担保成本越大，担保成本承担者有可能难以承受，因此为了弥补下方风险给担保人带来的损失，设定一个收益率上限，超过收益率上限的收益将不再计入个人账户中，而是存入固定储备基金账户以抵补达不到最低收益率的情形。针对中国企业年金的发展历程较短、市场不够完善，本书根据第二章不同收益率担保模式，给出三个参考方案，如表4-3所示，并对不同方案下担保成本进行比较。由于企业年金的自愿缴费性，对其担保成本的分析从个体的角度进行比较和分析，针对不同工作年限，不同工资水平的职工提供各种担保引发的担保成本测度。通过数值计算和模拟结果分析，比较几种担保模式下担保成本的情况，从而为满足不同担保政策要求提供一定的依据。

表 4-3　三种收益率担保方案

担保方案	担保模式	担保收益率	担保期限
方案一	最低收益率担保	固定收益率	到期日，多期动态
方案二	最低收益率担保	相对收益率（与市场利率挂钩）	到期日，多期动态
方案三	双限收益率担保	上限为固定收益率，下限为市场利率	到期日，多期动态

方案一设定的最低固定收益率担保是一种相对简单的情形。这种情形的优点是担保收益比较明确，对于个人来说能够在一定程度预知个人账户退休时的最低收益，对于担保人也可以较为明确的判断可能发生的最高的担保成本，这种担保更像一个含有 DB 计划的情形。其缺点是和企业年金基金真实的收益脱节，在资本市场形势好的时候，个人有可能失去获得较高收益的机会。在资本市场情形较差的时候，担保人就要承担很大的风险。这种固定的最低收益率担保在保险产品中较多存在，如泰康人寿的万能险，最低收益率为 2.5%。对于到期日担保和多期动态担保在第二章中有所述及，多期动态担保承担了更大的风险，相对来说担保成本也就更大一些，但是多期动态担保更加符合实际情况，在每一个评估期间内比较担保收益率和实际收益率之间的大小，从而在每一评估期间都保障了账户的最低收益。评估期可以 1 年、5 年或 10 年进行，评估期越短，评估次数越多，那么担保成本越高。

固定收益率担保是指担保的收益率在评估期内都是一个固定的数值，这个数值可以是名义的，也可以是实际的。从国际上提供固定收益率担保的国家来看，马来西亚和新加坡提供的是 2.5% 的名义收益率，瑞士提供的 4% 的名义收益率，乌拉圭提供的是 2% 的实际收益率。考虑到中国的 1 年期银行存款利率一般为 2.5% 左右，担保收益率可以略高于无风险利率，第一种方案设定的担保情形名义担保收益率设定为 3%。

方案二设定的是与市场利率挂钩的最低收益率担保情形，这种与市场利率挂钩的担保对于资本市场不够完善的国家不失为一种较好的方式，同时还避免了固定收益率担保的弊端，其担保收益率也是会随着市场利率随机波动而变化的。方案二设定的最低的担保收益率为 2 年期定期银行存款利率。

方案三设定的双限收益率担保，既避免了设定固定收益率担保的缺点，又避免了股票市场高风险的问题。对于一些发展中国家是较为不错的选择，也是笔者认为适合中国企业年金在起步阶段设定的收益率担保情形。另一方面设定最高收益上限的目的是为了减少担保成本，保持基金的长期财务稳定性，降低担保人的担保风险。按照历年社保基金投资的收益率情况，超过 10% 的年份并不多，10% 的年收益率相对于投资人来说比较高。因此对于个人账户持有者能够获得一定的最低收益率情形下，最高的收益限定在 10% 以内，也比较合理。对于最高上限收益率对担保成本的影响在敏感性分析中单独讨论。所以方案三的上限设定为固定收益率 10%，下限为 2 年期定期存款利率。

与市场投资组合收益率挂钩的相对最低收益率担保情形在很多国家是比较普遍的一种情形，这种担保的好处是随着投资的收益率变化而变化，既体现了资金的保值和增值，又反映出投资有风险。这对于资本市场比较完备的发达国家是一种较好的选择。从国际上提供相对收益率担保的国家来看，阿根廷的相对收益率为 $\min\{70\%R, R-2\%\}$ $\min\{70\%R, R-2\%\}$，波兰为 $\min\{50\%R, R-4\%\}$ $\min\{50\%R, R-4\%\}$，R 为养老基金行业的平均名义收益率，智利和秘鲁为 $\min\{50\%R, R-2\%\}$ $\min\{50\%R, R-2\%\}$，R 为养老基金行业的平均实际收益率，目前 R 为滚动的过去 36 个月平均实际收益率。由于我国的养老基金投资运营年限过短，无法获得养老基金行业中各养老基金投资管理公司各年投资收益率的数据，因此对这种方案进行担保成本度量，假设条件过多，失去固有的测算意义，所以本书对市场投资组合收益率挂钩的担保方案这里没有进行分析。随着我国资本市场不断完善，养老基金业发展更加规范，相信日后的研究可以对该问题进行跟踪分析。

上述三种方案的设定都考虑了多期动态担保和到期日担保。设定一个到期日担保的收益率相对来说没有多期动态担保更符合实际情况，因为企业年金基金投资的年限一般较长，如果在这期间出现较大波动，而又没有被合理控制的话，那么最终值很难把握。因此，每年的担保收益率随着当年的基金收益率进行规范，这样才能有效地保障基金收益随市场同时调整。

第三节　收益保证成本评估结果

一、关键参数设定

数值计算需要对参数做一定的假设，每种方案可能用到的基本参数假设如表 4-4 所示。其中，T 表示担保的期限，假设职工从 25 岁开始工作，65 岁退休，从工作初始时间就开始缴费并对个人账户进行担保，那么担保期限最长为 40 年，为了计算上的方便，最短的担保期限假设为 10 年，在计算担保成本时，实际上分别考虑了 10 年一直变化到 40 年的情形，以 5 年为时间间隔。Y_0 表示初始的缴费工资，设定为 1，是为了方便数值计算。实际的初始工资水平对担保成本的影响，只需要直接相乘即可，这里分别考虑了初始工资水平为 1 和为 2012 年的 46 769 元初始平均工资水平两种情况。S_0 表示基金个人账户初始资金，设定为 1。R_0 即 f（0，u）反映的是远期利率期限中初始利率水平，设定为常数 0. 03。σ_f 为远期利率的波动率。σ_s 为个人账户基金投资组合的波动率。δ 表示为定期的银行定期利率的期限。ρ 表示资产收益率与利率收益率之间的相关性。m 为固定的最低收益率担保值，设定为 0. 03。R_c 为双限收益率中设定的上限收益率为 10%。k 表示工资增长率，虽然我国实际工资增长率最近 10 年一直处于 10% 左右的高速增长，但是这种高速增长的态势不可能一直持续。为保守起见，本书假设年平均工资增长率为 3%。c 表示缴费率，设定为职工实际工资的 6%，职工实际工资采用当年社会平均工资水平来代替，r 表示常数的无风险收益率，设定为 2. 25%，计算方案一时使用。

表 4-4 数值计算中的参数设定

T	10-40	Y_0	1	S_0	1	m	0.03
σ_f	0.01	σ_s	0.1	δ	2	r	0.025
ρ	-0.2	R_0	0.03	R_c	0.1	k	0.03
c	0.06						

二、数值计算结果

1. 方案一的结果

保证成本以总成本和年度成本及总保证成本占总缴费额的百分比来表示，结果如表 4-5、表 4-6 和表 4-7 所示。

表 4-5 列出了个人账户基金每年最低固定收益率为 3% 的到期日和多期动态两种情形的总保证成本现值。多期动态的保证成本远高于到期日情形的保证成本，但随着担保期限的增长这种差异是减小的。担保期限为 10 年时，多期动态的总保证成本为到期日保证成本的 8 倍。担保期限为 40 年时，多期动态的总保证成本是到期日保证成本的 3 倍。46 769 元为 2012 年全国职工平均工资，如果以 2012 年为初始缴费年份，担保 40 年的到期日保证成本不足 46 769 元，相对较低，但是如果采用的是多期动态的保证方式，保证成本现值为缴费工资的 3 倍，这个值相对较大。

表 4-5 方案一总保证成本

保证期限	1 元初始平均工资		46 769 元初始平均工资	
	到期日保证成本	多期动态保证成本	到期日保证成本	多期动态保证成本
10	0.0609	0.4876	2848	22 805
15	0.1272	0.7911	5949	36 999
20	0.2179	1.1429	10 191	53 452
25	0.3360	1.5507	15 714	72 525
30	0.4854	2.0236	22 702	94 642
35	0.6706	2.5717	31 363	120 276
40	0.8972	3.2071	41 961	149 993

图4-3是以2012年为缴费初始年份的两种担保方式，随着担保期限增长的总保证成本现值变化趋势图。图上反映出，到期日担保成本增长速度一直低于多期动态担保。担保20年的保证成本相对来说较为合适，前20年保证成本增长速度慢于后20年保证成本的增长速度。

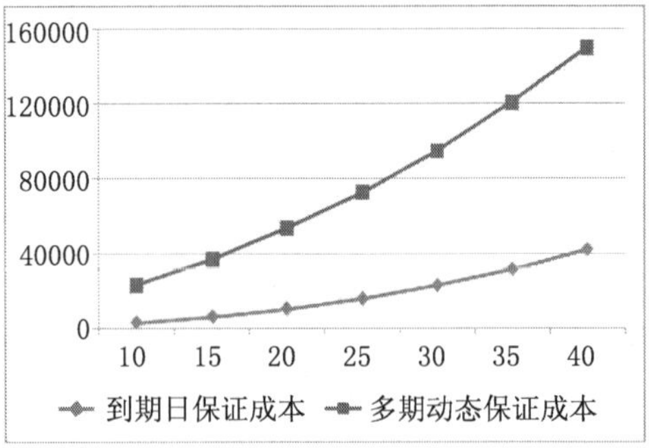

图4-3　固定收益率担保总成本变化趋势

表4-6列出了不同担保年限对应的年度保证成本值，年度保证成本按照2.5%对应的各年金现值系数分摊到各年度。从表中后两列可以看出，担保期限为10年的每年保证成本分别为327和2605元，担保20年的年度保证成本为655元和3428元，随着担保期限的增长，年度担保成本增加迅速，当担保期限增加到40年时，平均的年度保证成本第一种情形下已经增加5倍，达到每年1670元，是担保期限为10年的5倍，为20年的2.5倍。第二种情形下保证成本从2605元增加到5977元，增加了2.3倍，为20年的保证成本的1.7倍。保证期限较短的10年情形，多期动态保证成本是到期日保证成本的8倍，而保证期限较长的40年，多期动态保证成本是到期日保证成本的3倍。可见随担保时间的增长，到期日担保的成本年度增长速度更快一些，这也部分源于其初始时水平较低。因此，担保期限较短时，从个人角度讲选择到期日担保成本较低，如果担保期限长，则应该考虑选择多期动态担保。

表 4-6 方案一年度保证成本

保证期限	1 元初始平均工资		46769 元初始平均工资	
	到期日保证成本	多期动态保证成本	到期日保证成本	多期动态保证成本
10	0.0070	0.0557	203	1628
15	0.0103	0.0639	300	1868
20	0.0140	0.0733	409	2143
25	0.0182	0.0842	533	2460
30	0.0232	0.0967	678	2826
35	0.0290	0.1111	847	3248
40	0.0357	0.1278	1045	3734

表 4-7 方案一总保证成本现值/总缴费额现值

保证期限	个人账户总缴费额现值	到期日总保证成本现值	多期动态总保证成本现值	保证成本 1 占缴费额比重	保证成本 2 占缴费额比重
10	0.6763	0.0609	0.4876	9%	72%
15	0.9959	0.1272	0.7911	13%	79%
20	1.3234	0.2179	1.1429	16%	86%
25	1.6589	0.3360	1.5507	20%	93%
30	2.0027	0.4854	2.0236	24%	101%
35	2.3550	0.6706	2.5717	28%	109%
40	2.7160	0.8972	3.2071	33%	118%

表 4-7 进一步列出了总保证成本现值占总缴费额现值的百分比，从这张表可以清楚地看出，如果采取到期日的担保方式，保证成本即使是担保 40 年也只占到个人账户缴费额的 33%。但是如果采用多期动态的担保方式，担保的期限为 40 年，那么最终为担保支付的成本已经超过了为个人账户缴费的总额。在这种情形下，估计不管是让谁来承担这笔费用，都是昂贵的。而采用多期动态担保，即使担保年限只有 10 年，其总成本最少也都达到个人账户缴费额的 72%。可见，如果采用多期动态担保，那么担保的最低收益率设定一定不能过高，不然担保成本是无法承担的。

2. 方案二的结果

表 4-8 列出了方案二最低利率担保的总保证成本。从表中后两列可以看

出最低利率担保到期日方式的保证成本要远低于多期动态的保证成本，而且随着担保期限的增长，多期动态的保证成本与同期到期日的担保成本的比值也在不断增加，从担保期限为 10 年的 2.7 倍，增加到 40 年的 7.1 倍。

表 4–8　方案二总保证成本

保证期限	1 元初始平均工资		46 769 元初始平均工资	
	到期日保证成本	多期动态保证成本	到期日保证成本	多期动态保证成本
10	0.0561	0.1527	2624	7142
15	0.1038	0.3607	4855	16 870
20	0.1633	0.6858	7637	32 074
25	0.2353	1.1569	11 005	54 107
30	0.3211	1.8109	15 018	84 694
35	0.4222	2.6940	19 746	125 996
40	0.5408	3.8651	25 293	180 767

图 4–4 更加清楚地显示了两种保证成本的增长趋势，到期日担保成本增长幅度缓慢，多期动态成本增速在担保期限 20 年之后迅速上升。这说明多期动态担保成本对担保期限的敏感性要远高于到期日担保。

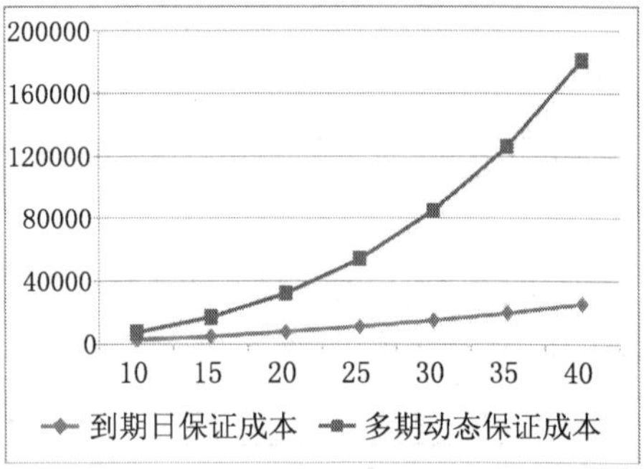

图 4–4　最低利率担保总成本变化趋势

表 4–9 列出了方案二对应的年度保证成本。从年度保证成本的变化来看，提供最低利率担保时，多期动态的方式会带来非常高昂的代价，如担保期限为 40 年时，多期动态保证成本都达到每年 7202 元，按照 46 769 元对应的 6% 的缴费比例，超过了第 30 年的年度个人账户缴费工资。也就是说，如果投资收益率每年都保证不低于 2 年期银行定期存款的收益率，并且这笔费用由个人承担，那么前 30 年职工都要额外负担超过缴费水平的担保费用，这在现实

中不具有可行性。相比较而言，到期日担保的保证成本相对比较温和，不会造成过大的经济负担。

表4-10列出方案二的总保证成本占总缴费额的百分比。到期日担保的总成本占总缴费额较少，最低8%，最高也只有20%。但是多期动态保证成本占缴费额的比重最低23%，最高达到142%，高达7倍之多。和最低固定收益率担保相比，利率担保的多期动态保证成本占比对担保期限的变化更加敏感。

表4-9　方案二年度保证成本

保证期限	1元初始平均工资		46 769元初始平均工资	
	到期日保证成本	多期动态保证成本	到期日保证成本	多期动态保证成本
10	0.0064	0.0174	299	814
15	0.0084	0.0291	393	1361
20	0.0105	0.0440	491	2058
25	0.0128	0.0628	599	2937
30	0.0153	0.0865	716	4046
35	0.0182	0.1164	851	5444
40	0.0215	0.1540	1006	7202

表4-10　方案二总保证成本现值/总缴费额现值

保证期限	个人账户总缴费额现值	到期日总保证成本现值	多期动态总保证成本现值	保证成本1占缴费额比重	保证成本2占缴费额比重
10	0.6763	0.0561	0.1527	8%	23%
15	0.9959	0.1038	0.3607	10%	36%
20	1.3234	0.1633	0.6858	12%	52%
25	1.6589	0.2353	1.1569	14%	70%
30	2.0027	0.3211	1.8109	16%	90%
35	2.3550	0.4222	2.6940	18%	114%
40	2.7160	0.5408	3.8651	20%	142%

3. 方案三的结果

表4-11 列出了方案三总保证成本情况，方案三和方案二的差别只在于方案三加了一个上限的最高收益率，上限收益率设定为10% 。对于到期日担保的保证成本变化不大，略小于最低利率担保的担保成本。可以理解为在到期日超过10%上限收益率行权的可能性比较小。但是加上的这一上限收益率对多期动态保证成本的影响却是非常大。如果担保期限为10 年，保证成本下降1.8 倍。如果担保期限为20 年，保证成本下降2.2 倍，当保证期限为40 年时，保证成本下降6.4 倍。这说明上限收益率的设定对改变担保人的担保成本起到很大的作用，而且这种作用随着担保期限的延长越有效果。这在实际中也是便于理解的，多期动态担保是每一期都把实际收益率设定在一个范围内，而且上限收益率设定非常关键，合理设定会大大改善担保的成本。

表4-11　方案三总保证成本

保证期限	1 元初始平均工资		46 769 元初始平均工资	
	到期日保证成本	多期动态保证成本	到期日保证成本	多期动态保证成本
10	0.0517	0.0862	2418	4031
15	0.0990	0.1869	4630	8741
20	0.1584	0.3168	7408	14 816
25	0.2304	0.4587	10 776	21 453
30	0.3161	0.5835	14 784	27 290
35	0.4173	0.6495	19 517	30 376
40	0.5358	0.6057	25 059	28 328

此外，从图4-5 还可以看出，对于双限收益率担保，到期日方式和多期动态方式两种保证成本的差异非常小，这与最低收益率担保情形有明显不同。从图4-5 可以看出，多期动态担保的总保证成本在35 年时达到最大值之后，呈现出逐渐下降的趋势。由此，可以得到启示：双限收益率担保无论是在保证成本的可承受方面，还是在保证期限上，都有比最低收益率担保更具有

优势。

表4-12列出方案三的年度保证成本。年度保证成本最高只有996元和1127元，这对于担保期限40年各年的缴费水平而言，是比较低的。只有初始年度缴费水平2806元的1/3左右。而对于担保期限为10年的，年度保证成本分别为初始年度缴费水平的9.8%和16.3%，这对于保证年限在一定范围内来说，保证成本是比较合适的。

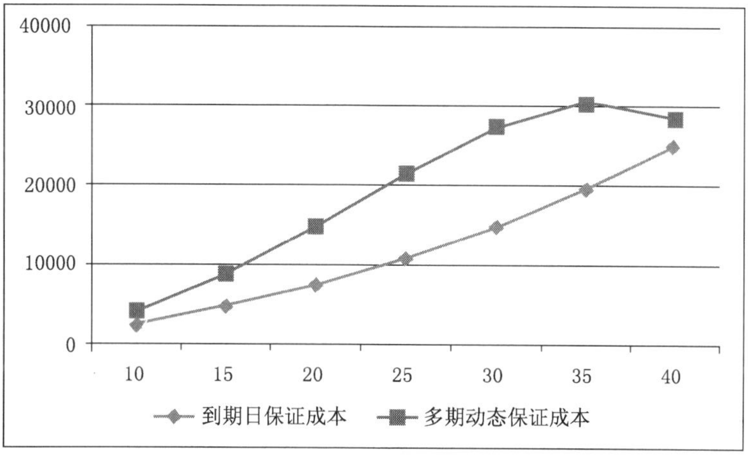

图4-5　双限利率担保总成本变化趋势

表4-12　方案三年度保证成本

保证期限	1元初始平均工资		46 769元初始平均工资	
	到期日保证成本	多期动态保证成本	到期日保证成本	多期动态保证成本
10	0.0059	0.0098	276	458
15	0.0080	0.0151	374	706
20	0.0102	0.0203	477	949
25	0.0125	0.0249	585	1165
30	0.0151	0.0279	706	1305
35	0.0180	0.0281	842	1314
40	0.0213	0.0241	996	1127

表4-13列出了方案三总保证成本现值占总缴费额现值的百分比。从表中显示的总保证成本占缴费额的比重都比较低。因此，对于双限收益率担保，为个人提供多期动态担保的成本没有比到期日担保高出很多，但是保障力度更大。因此，如果采用双限收益率担保，多期动态的担保方式是一种较为占优的方式。

表4-13　方案三总保证成本现值/总缴费额现值

保证期限	个人账户总缴费额现值	到期日总保证成本现值	多期动态总保证成本现值	保证成本1占缴费额比重	保证成本2占缴费额比重
10	0.6763	0.0517	0.0862	8%	13%
15	0.9959	0.0990	0.1869	10%	19%
20	1.3234	0.1584	0.3168	12%	24%
25	1.6589	0.2304	0.4587	14%	28%
30	2.0027	0.3161	0.5835	16%	29%
35	2.3550	0.4173	0.6495	18%	28%
40	2.7160	0.5358	0.6057	20%	22%

三、敏感性分析

资产担保值最重要的假设就是未来资产收益率和利率的动态变化。为了保证金融模型稳健性，对关键参数进行了敏感性分析。通过前面的分析发现20年的担保期限不管由谁来承担，担保成本相对都是比较适宜的。因此，本书敏感性分析的担保期限选择20年期。在本部分的分析中，为了研究关键参数的效应，我们利用没有考虑死亡率效应的证明，变量符号意义仍然和上一节相同。

1. 相关系数变动影响分析

在表4-14中，担保值变化考虑了资产收益率和利率收益率之间的相关性。方案一最低固定收益率担保定价公式中没有涉及相关系数，因此相关系数的敏感性分析仅针对方案二和方案三，从表中可以看出相关系数对担保成本的影响都是相似的。随着资产收益率和利率收益率正相关程度的增加，担保成本值逐渐减小的，并且减小的幅度相对较小。在相关系数以 20% 的幅度变化时，担保成本仅以 1% 左右的幅度增加，担保成本对相关系数的变化敏感程度较低。

表 4-14　相关系数敏感性分析表

相关系数	方案二担保		方案三担保	
	I 型担保	II 型担保	I 型担保	II 型担保
	M0（I）	M0（II）	M0（I）	M0（II）
-1.0	16.89	71.92	16.32	32.13
-0.8	16.75	71.09	16.20	32.02
-0.6	16.61	70.25	16.08	31.91
-0.4	16.47	69.42	15.96	31.80
-0.2	16.33	68.57	15.84	31.68
0.0	16.18	67.73	15.71	31.56
0.2	16.03	66.88	15.59	31.44
0.4	15.89	66.03	15.46	31.31
0.6	15.74	65.17	15.33	31.18
0.8	15.58	64.31	15.19	31.05
1.0	15.43	63.44	15.06	30.91

注：表中担保成本初始工资为 100 元，I 型担保为到期日担保，II 型担保为多期动态担保。阴影部分对应内容为基准情形。

2. 远期利率波动影响分析

表 4-15 列出了方案二和方案三远期利率波动情况对担保成本的影响，通过分析远期利率波动率对于这两种类型的担保成本变化影响都是显著的，比相关系数对担保成本的影响大。但是利率波动率对于这四种情形的担保成本影响规律性较小，对每种情形担保成本的影响都不太相同，较为相似的规律是远期利率波动率的增加只有方案三中的多期动态担保导致担保成本下降，

其他三种都是随着利率波动率增加导致担保成本增加的。从表 4-15 可以看出，随着利率波动率增加到 0. 025 时，双限收益率中的多期动态担保成本开始出现负值，这说明在此种情景下，提供双限收益率担保不仅不需要支付成本，还有可能有收益。

表 4-15 远期利率敏感性分析表

远期利率波动率	方案二担保		方案三担保	
	I 型担保	II 型担保	I 型担保	II 型担保
	M0（I）	M0（II）	M0（I）	M0（II）
0. 000	14. 64	65. 39	14. 17	37. 23
0. 005	15. 08	66. 39	14. 61	35. 93
0. 010	16. 33	68. 57	15. 84	31. 68
0. 015	18. 49	72. 05	17. 99	24. 01
0. 020	21. 79	76. 96	21. 27	12. 71
0. 025	26. 56	83. 53	26. 02	-1. 78
0. 030	33. 21	92. 08	32. 65	-18. 35
0. 035	42. 31	103. 04	41. 72	-35. 54
0. 040	54. 50	116. 97	53. 89	-51. 92
0. 045	70. 59	134. 61	69. 95	-66. 42

注：表中担保成本初始工资为 100 元，I 型担保为到期日担保，II 型担保为多期动态担保。阴影部分对应内容为基准情形。

3. 投资组合收益率波动影响分析

表4-16 列出了投资组合波动率对担保成本的影响。投资组合波动率要低于利率波动率变化对担保成本的影响，但高于相关系数对担保成本的影响。如果从三个方案担保成本对投资组合波动率的敏感性的角度来进行比较，可以发现方案二担保成本对投资组合波动率的敏感性最高，方案一其次，方案三敏感程度最低。如果从担保类型来看，仍是多期动态担保对投资组合的波动率敏感程度相对较高。

表 4-16 投资组合波动率敏感性分析表

投资组合波动率	方案一担保		方案二担保		方案三担保	
	I 型担保	II 型担保	I 型担保	II 型担保	I 型担保	II 型担保
σ_s	M0(I)	M0(II)	M0(I)	M0(II)	M0(I)	M0(II)
0.02	7.50	28.90	4.71	13.04	4.71	10.74
0.04	11.02	50.05	7.55	24.73	7.55	18.79
0.06	14.61	71.43	10.47	37.84	10.42	24.73
0.08	18.20	92.85	13.40	52.41	13.22	28.83
0.10	21.79	114.29	16.33	68.57	15.84	31.68
0.12	25.35	135.73	19.24	86.51	18.18	33.71
0.14	28.90	157.16	22.13	106.41	20.16	35.20
0.16	32.42	178.58	25.00	128.49	21.77	36.32
0.18	35.91	199.99	27.84	152.99	23.01	37.19
0.20	39.37	221.38	30.66	180.17	23.92	37.90

注：表中担保成本初始工资为 100 元，I 型担保为到期日担保，II 型担保为多期动态担保。阴影部分对应内容为基准情形。

4. 担保收益率变动影响分析

担保收益率是影响担保成本的一个非常重要的因素。因此，本书不仅讨论了最低收益率担保的情形，并主要拓展到双限收益率担保情形。在分析担保收益率敏感性时，分成了最低收益率担保的方案一和方案二，对双限收益率担保的下限和上限敏感性分别列出。表 4-17 最低固定收益率担保随着担保收益率下限从 0.01 变化到 0.07，到期日担保成本从 6.92 增加到 70.83，超过 10 倍，而多期动态方式的固定收益率担保产生的成本值是最高的，虽然变化不是很大，但是绝对数值却很大，即使担保值只有 0.01。方案二中利率担保的最低收益率因为设定是和一定期限的定期存款利率挂钩，因此就考虑 δ 分别为 1 到 7 年的变化情况。方案二的两种类型担保对 δ 的敏感程度并不高，δ 从 1 年变化到 7 年，担保成本也仅增加不超过 5，这可能与市场不同年度的存款利率产品本身收益率差距就不大也有一定的关系。

方案三设定的是双限收益率担保。从表4-17（续）中可以看出，到期日担保对下限的敏感程度高于多期动态担保，但是多期动态担保成本对上限变化的敏感程度要远高于到期担保。

从上述4个变量对担保成本敏感性分析中，我们可以大体判断出担保成本对远期利率波动率变动的敏感程度最高，其次是投资组合波动率变动，再次是担保收益率的变动，最后是相关系数的变动。针对双限的多期动态担保的担保成本情形，情况则略有不同。担保成本对上限收益率变动最敏感，其次是远期利率波动率，再次是投资组合波动率，最后也是相关系数的变动。

表4-17 担保收益率敏感性分析表

担保收益率下限	方案一担保		担保收益率下限	方案二担保	
	I型担保	II型担保		I型担保	II型担保
m	M0(I)	M0(II)	δ	M0(I)	M0(II)
0.01	6.92	193.04	1.00	15.81	67.83
0.02	13.74	206.87	2.00	16.33	68.57
0.03	21.79	221.38	3.00	16.86	69.33
0.04	31.27	236.56	4.00	17.40	70.09
0.04	42.41	252.44	5.00	17.96	70.86
0.06	55.49	269.02	6.00	18.53	71.64
0.07	70.83	286.30	7.00	19.11	72.42
δ	M0(I)	M0(II)	Rc	M0(I)	M0(II)
1.00	15.32	31.09	0.08	15.00	21.63
2.00	15.84	31.68	0.10	15.84	31.68
3.00	16.37	32.28	0.12	16.12	40.43
4.00	16.91	32.88	0.14	16.22	47.74
5.00	17.47	33.49	0.16	16.27	53.61
6.00	18.04	34.10	0.18	16.30	58.15
7.00	18.63	34.73	0.20	16.31	61.52

注：表中担保成本初始工资为100元，I型担保为到期日担保，II型担保为多期动态担保。阴影部分对应内容为基准情形。

第四节 保证成本比较分析

前面两节详细地计算了各种方案，以及用各种方式表示了担保成本值，并分析了各种方案对关键参数的敏感程度，但是各种方案之间的细微差别并没有被挖掘出来，本节就各种情形进行更加细致、深入的比较。为方便比较，初始缴费工资设定为 100 元。

一、固定与相对收益率担保成本比较

图 4-6 列出了两种方案四种情形不同担保期限的总保证成本。从图上清楚地显示出两种方案的到期日保证成本总是低于多期动态保证成本，如果就到期日保证成本看，担保期限 20 年之内保证成本非常接近，但超过 20 年方案一的保证成本就开始逐渐超过方案二。而多期动态方式则呈现出不同的特征，方案一的多期动态保证成本增长呈直线趋势，而方案二呈指数增速，方案二的增长速度较快。但是担保期限在 30 年之内时，方案一的保证成本都超过方案二，只有超过 30 年的保证期限，方案二的保证成本才超过方案一。

图 4-7 反映的是随着担保期限的增加，各种方案下年度保证成本增长速度情况。从图上可以看出这四种方案年度保证成本增长速度依次是：方案二多期动态>方案一到期日>方案二到期日>方案一多期动态。

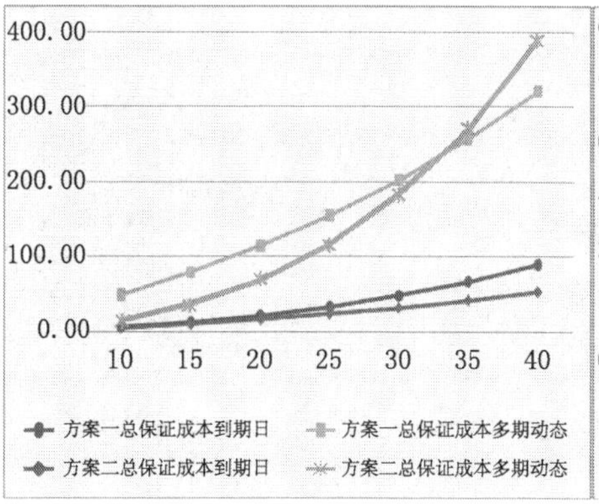

图 4-6 方案一与方案二总保证成本比较

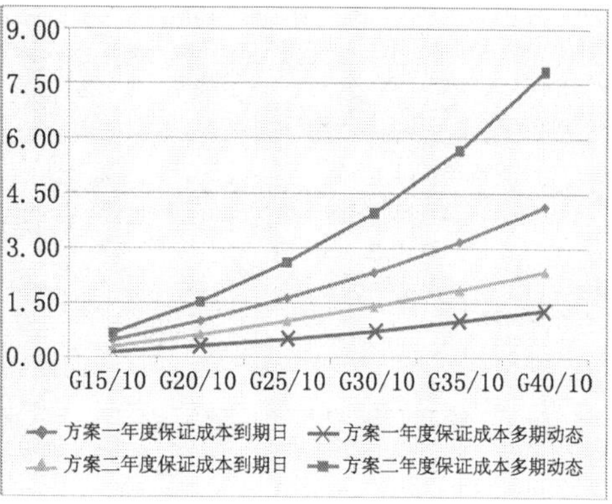

图 4-7 方案一与二年度保证成本增长速度

二、最低与双限收益率担保成本比较

图 4-8 列出了两种方案四种情形不同担保期限的总保证成本。从图上也可以清楚地显示出两种方案的到期日保证成本总是低于多期动态保证成本。所不同的是，加了 10% 的上限收益率后，对到期日担保成本变化的影响非常小，两种情形下的保证成本近似相等，但是收益率上限对多期动态担保成本的影响很明显。图上看出不加担保收益率上限的方案二多期动态成本以非常快的指数增长速度，而加了 10% 上限收益率的方案三的多期动态成本在担保期限达到 35 年最大值之后有逐渐减少的趋势。这四种方案总保证成本的大小排序为：方案二多期动态>方案三多期动态>方案二到期日>方案三到期日。

图 4-9 反映的是随着担保期限的增加，各种方案下年度保证成本增长速度情况。从图上可以看出方案二多期动态担保成本随着担保期限的增加，年度保证成本的增长速度惊人。担保期限 40 年的年度保证成本是担保期限为 10 年的年度保证成本的 8 倍左右，而其余 3 种随担保期限变化，保证成本增长最多不超过 3 倍。其中方案三的多期动态保证成本随担保期限的增长有先增后减的态势，担保期限为 35 年时，达到年度保证成本最大值，之后又逐渐减小。

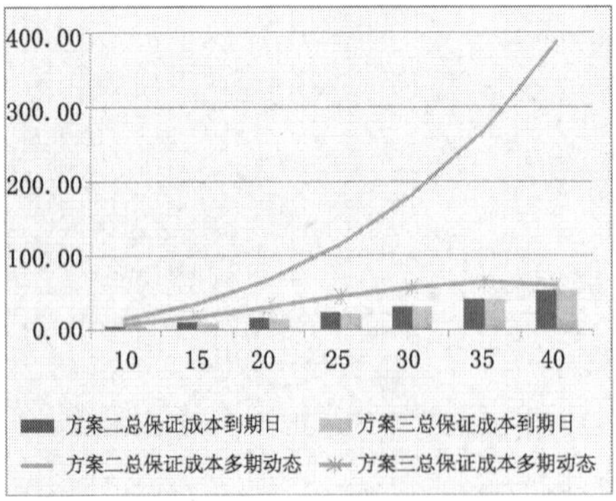

图 4-8　方案二与方案三总保证成本

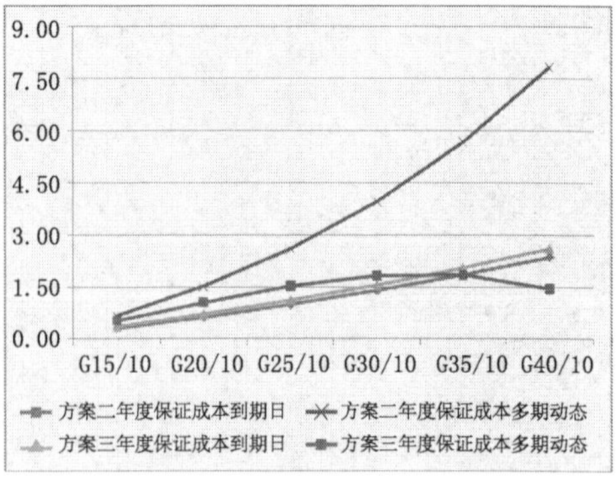

图 4-9　方案二与三年度保证成本增长速度

三、三种方案担保成本比较

图 4-10 描绘出三种方案六种情形不同担保期限的总保证成本，总保证成本多随担保期限增长而增加，只有双限收益率担保成本例外。就到期日总保证成本看，方案一>方案二>方案三。就多期动态保证成本看，担保期限不超过 35 年时，方案一>方案二>方案三，但担保期限超过 35 年时，方案二>方案一>方案三。因此总的来说，在同样的担保期限、同样的担保方式下，方案三的总担保成本是最低的，充分显示出双限收益率担保的收益保障优势和成本优势。

图 4-11 反映的是随着担保期限的增加，各种方案下总保证成本占总缴费额的百分比变化情况，仍然是到期日保证成本多数情况下低于多期动态保证成本。单就到期日情景，方案一占比>方案二占比>方案三占比。就多期动态情景，在担保期限不超过 35 年时，方案一>方案二>方案三，超过 35 年，方案二>方案一>方案三。从占比变化幅度看，最低的担保成本占缴费总额百分比只有 7.6% ，但最高情形占比达到近 150% 。对于前面分析中比较特殊的担保期限为 20 年时，比例变化范围从 12% 到 86% ，其中的双限收益率担保成本的两种占比为 12% 和 23.9% ，这个保证成本的大小比较容易被接受。

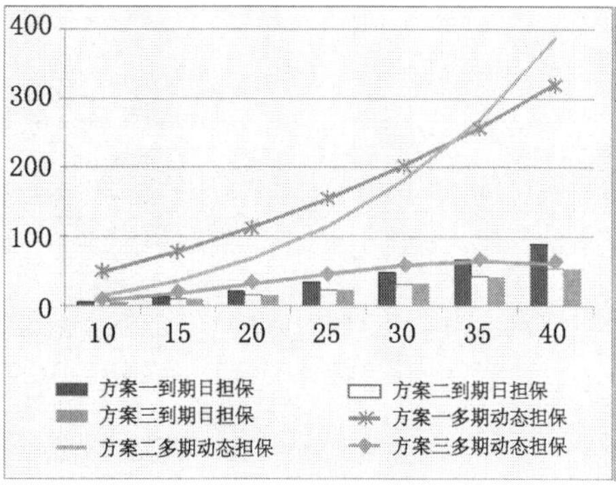

图 4-10　三种方案总保证成本比较

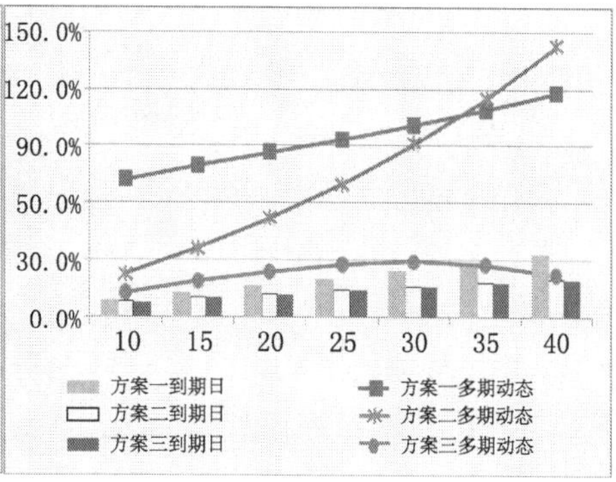

图 4-11　三种方案总保证成本占缴费比重

第五节 本章小结

本章首先介绍了企业年金个人账户的基本情况，针对企业年金制度的特性设计了三种不同的收益担保方案，采用第二章的方法，对三种方案的保证成本进行了计算。并对关键参数做了敏感性分析，最后详细地比较了三种不同方案的优劣。从不同角度的比较，都可以看到双限收益率担保成本相对较低，而且上限收益率的设定对改变担保成本的大小有显著的作用。第三章和本章分别研究了两种个人账户下保证成本的计算。由于保证成本所产生的风险需要由担保人来承担，担保人之间的成本或者风险分担设定是否合理又反过来影响担保制度的设定，因此，接下来一章对担保成本如何分担问题进行了探讨。

第五章　个人账户收益保证成本分担分析

不论是基本养老保险还是企业年金个人账户，只要有最低收益保证制度，就必然有相应主体为之提供担保成本。担保成本视实际收益和保证收益之间的关系来定，可能为零也可能为某个正值，甚至在双限收益率担保下还可能为负值。对于非负的担保成本，合理分摊是担保制度能够顺利实施的一个必要条件。

第一节　保证成本影响因素分析

担保成本之所以存在，是因为担保收益和实际收益之间的差异。那么影响担保成本大小的因素也主要来自于影响担保收益和实际收益的各种因素。影响担保收益的因素主要来自于担保收益和个人账户持有者的一些特征，影响实际收益的因素主要来自投资组合的收益率及担保时间长短。由于担保被视为一个看跌期权，涉及未来各年度的账户价值需要贴现，因此担保成本和贴现率及无风险收益率有关。

一、担保收益

这里的担保泛指最低收益水平和最低收益率担保两种。不论是哪一种，最低的担保收益如果设定得越高，那么投资收益低于担保收益的可能性越大，被视为看跌期权的担保越有可能行权，两者之间的差异值也会越大，为这个担保支付的成本也就越大。对于基本养老保险的名义账户担保更是如此，因为个人账户基金没有投向资本市场，却有一个名义的最低收益率，这个收益率越高，财政需要为之付出的或有负债也就越高，甚至可以说相对实账积累情形下的担保成本要高出很多。对于双限收益率担保来说，上限也是决定担保成本的一个重要因素。上限设定得越低，其减少担保成本的效果就越好，上限设定得越高，投资收益率越难以达到这个上限值。和最低收益率相比，担保成本不会有很大变化。因此，上限的调整是在满足个人账户持有者最低收益保证的基础上，调节担保成本大小的一个方法，因为对下限设定过高或过低都存在一定的问题。相对来说，下限的设定在改变幅度上不会有太大空间，上限的合理制定具有一定的现实意义。

二、投资组合收益率

投资组合收益率高低是投资运作的核心，最低收益担保的设定也是基于投资组合收益率出现较大波动而影响账户持有人的收益。因此，投资组合收益率的高低决定了担保的期权能否行权。对于基本养老保险个人账户，只有最低的名义账户收益率，不存在投资组合收益率。对于企业年金个人账户，不管是最低收益率担保，还是双限收益率担保，投资收益率高都可以有效地减少担保成本。如果只有最低收益率担保，投资组合的收益率超过最低限之后，增加部分都不再影响担保成本大小，担保成本都是零。如果是双限收益率担保，投资组合收益率一旦超过设定的上限值，提供担保不仅不需要支付成本，还会出现正向的盈余，这样可以增加担保人和账户投资人的积极性。投资组合的收益率高低与投资组合各种资产配置、投资组合的投资策略及投资管理人的市场运作水平都是紧密相关的。

三、投资组合波动率

从国外养老基金运作计划来看，允许职工选择适合自己风险承受能力的投资组合。一般来说，养老基金的投资都有资金安全性的约束，通常不会投资到衍生产品，多数投资在股票、债券和流动性资产。投资组合的波动率主要受股票价格的波动率影响。因此投资组合中股票的比例大小决定了投资组合的风险程度，投资组合波动率越大，那么投资收益率突破执行价格进入实值状态的可能性就越大，产生的期权价格就越高。对于个人账户担保来说也是如此。在许可的条件下，账户持有者选择的投资组合越偏向于高风险，其产生的担保成本也就越高。这样就产生了一个新的问题：如果所有的投资者都选择相同风险程度的投资组合，那么担保人为之承担成本，不会出现差异。如果账户持有者分别选择不同风险级别的投资组合，高风险投资组合的担保成本相对较高，最低的担保收益率相同，担保成本仍都由担保人承担，将会出现一定的道德风险。账户持有人都会选择高风险的投资组合，因为这样在既不减少最低收益的情况下，又有可能获得较高收益。所以，允许账户持有者选择投资组合的情况下，账户持有人分担一部分担保成本是避免道德风险的一个较好的办法。

四、无风险利率

无风险利率的选择是金融资产定价的基础，因为均涉及基准的折现率。无风险利率应具有：流动性强、二级市场的参与程度高，收益稳定、风险小，资产信用高、无违约风险，可控性好及与其他资产关联性强的特点。尽管各个国家无风险利率的制定有所不同，但实践中大多采用短期国债收益率作为无风险利率，美国以三个月国库券利率作为无风险利率，英国以两周国债的回购利率作为无风险利率，具有较高信用级别的银行同业间信贷产品在国际金融市场上被作为无风险资产，其利率即伦敦同业拆借率（LIBOR）被作为无风险的基准利率[1]。国内学者对无风险利率的选择各有不同，既有以国债收益率，又有以银行存款利率作为无风险利率，还有以银行间同业拆借利率，或者银行间债券回购利率作为基准的无风险利率。但多数学者倾向于以银行存款利率作为无风险利率，本书也基于 1 年期银行定期存款利率作为无风险利率进行研究。无风险利率对于金融资产价格的影响比较复杂。无风险利率

[1] 扈文秀，韩仁德，卢妮．中国金融资产定价中无风险利率的选择研究．经济问题探索，2005 年第 6 期，108 页—112 页。

的变化，会同时影响到期权合约标的资产的预期价格和期权的持有成本。以利率上升为例，利率上升导致市场对金融资产的价格有上升的预期，造成看涨期权的价格上升，看跌期权的价格下跌。利率上升同时也会增加期权的持有成本，从而造成期权的价格下跌。一般认为，前者的影响占据主导地位。因此，无风险利率对担保成本的影响可以简单地理解为无风险利率越高，担保成本相对越低。

五、担保时间长短

担保时间长短对担保成本的影响，George G. Pennachhi（1999）对这个问题做过详细的分析，在其文中讨论最低固定收益率担保和最低相对收益率担保两种情形下，如果提供以 1 年为基础的连续 n 年的担保，担保值会随着 $n \to \infty$ 而变得没有边界，一个现实意义是政府将警惕是否要提供长期的担保，即使养老金资产价值也在不断增长。除了以 1 年为基础的连续 n 年的多期动态担保之外，还有一种是到期日担保，到期日担保形式对担保成本的影响比多期动态要小，因为中间过程中不是每一期都要按照担保收益率来计算，只需要在到期日比较担保收益和投资收益之间的大小即可，与担保期限内的投资收益有较大关系。但是为相同缴费工资的员工来说，即使是到期日担保，担保时间越长，担保成本越高。因此，不管是多期动态担保还是到期日担保，担保的时间长短也是影响担保成本的一个重要因素。

六、担保方式

担保方式包括不同的种类，主要按照两种方式分类。一种是按照是否考虑通货膨胀的影响下的名义收益率和实际收益率担保，另一种是考虑担保收益率是绝对收益率还是相对收益率担保。不同的担保方式，其成本也有较大差异。一般来说，在其他条件相同的情况下，担保力度越大，担保成本越大。比如，由于通货膨胀的存在，名义担保收益率和实际担保收益率具有相同值的情况下，实际收益率担保所需要的担保成本要高于名义收益率。因为实际收益率担保不管经济发生如何变化，都能保证担保参与者的个人账户在退休后能够达到一定经济购买力水平的最低收益，所以其担保成本也就越大。一般情况下，和相对收益率担保比较起来，达到相同保障程度时，绝对收益率担保要比相对收益率担保产生的成本更大。因为绝对收益率担保只承诺一个绝对的收益率数值，而相对收益率担保则是根据某个指标每年进行调整，后者的担保收益率能保持在与行业平均收益率较为接近的程度，其担保成本也就相对较小。世界银行的一项研究报告表明，拉丁美洲所提供的绝对收益率担保每年产生的成本占到养老基金资产的4%到7%，而智利的相对收益率担保，每年产生的成本只占到养老基金资产的2%到4%[1]。

七、职工缴费工资

职工的缴费工资决定了个人账户基金的积累额。积累额越高，为其个人账户提供的担保收益也就越高，因此个人账户产生的担保成本也就越高。但是相对来说，职工的缴费工资不是一个不可控制的变量，可以通过事先确定的每年缴费水平来确定其对担保成本的影响。

第二节　保证成本资金来源与分担方式

一、保证成本资金来源

养老金个人账户提供收益担保制度中的“担保”行为，本身就是针对可能发生的风险而采取的预防措施，必然就有可能存在一定的损失，这种损失的抵补是通过提供一定的资金补偿方式。由于在养老金系统的担保问题上涉及较多的责任主体，而且在不同层次的养老保险体系中，不同责任主体由于

[1] 林春升．对中国DC型养老金计划引入个人账户担保的探讨与随机模拟分析，硕士学位论文，北京：中国人民大学，2008年，11页。

承担责任的不同，对应的担保义务也就有所不同，为担保可能发生的资金损失付出的代价也是不尽相同。针对不同层次养老保险体系，担保成本的可能承担者具有不同的责任主体，这些责任主体主要有养老基金、养老基金管理公司、中央担保基金、政府、雇主、个人账户持有人等。在保证成本承担的层面上，通常有图5-1所示的四个层次，政府通常是最后的一个层次，不同国家采用的担保资金来源是其中部分层次责任主体的组合。

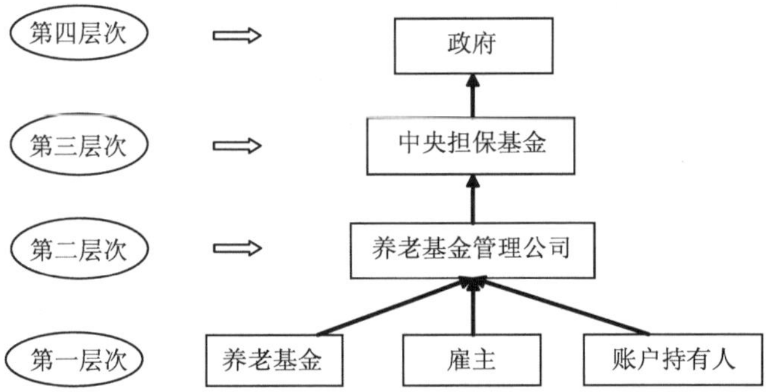

图5-1　个人账户保证成本资金来源关系

1. 养老基金

对于个人账户养老基金收益率担保的第一道防线通常是养老基金自身，基金管理人通常都会计提养老基金的一定比例作为风险准备金，以防收益率低的年度损失，用预先设定的风险准备金来抵补最低收益率水平。世界上提供相对收益率担保的国家大多采取了养老基金内部的风险准备金制度，如智利、哥伦比亚、拉脱维亚、匈牙利、波兰、乌拉圭等，在投资收益率达不到预定水平时，则使用养老基金预先提取的风险准备金。中国的社保基金管理中也有类似的做法，全国社保基金理事会规定“中国社保基金会按照社会社保基金收益的20%计提一般风险准备金，专项用于弥补全国社保基金的投资亏损。当一般风险准备金余额计提达到全国社保基金额净值的20%时可不再计提。”[1]我国《企业年金基金管理试行办法》规定：企业年金基金投资管理

[1] 付昕．企业年金的风险补偿机制．湖北经济学院学报，2006年第3期，61页—62页。

风险准备金从投资管理人收取的管理费中提取，标准是按照投资管理人当期收取管理费的20%提取风险准备金，余额达到基金资产净值的10%，可不再提取。企业年金基金投资管理风险准备金由专门的准备金账户，与投资管理人的账户资金分离，在托管银行专户存储❶。

2. 养老基金管理公司

养老基金管理公司在投资收益率低于担保收益率的情形下，基金管理人首先采用养老基金的储备基金，也就是上面所说的风险准备金来弥补缺口，如果储备基金不足以弥补这个缺口，则养老基金管理人必须用自有资产来弥补缺口。这样设定的目的是确保基金管理人尽职尽责地对养老基金进行管理，超额投资收益进入储备基金也激励了基金投资管理人采取积极的态度去获取更高的投资收益。但也不完全如此，养老基金设定的担保收益率是相对最低收益率情况下，每个养老基金的投资管理人害怕自己与行业平均收益率水平相差太多，会刻意地把养老基金投资组合设定为与获得行业平均收益率的组合相似，从而产生所谓的“羊群效应”。这样就不利于企业年金人账户基金的投资运作，投资管理人道德风险有所增加。

在我国，社保基金投资管理人提取管理手续费的20%作为社保基金投资管理风险准备金。当期收益达不到相对标准时，则用以上两类资金依次弥补与最低标准之间的差额。对于不合格的连续三年都无法达标的投资管理人，必须进行更换，以保证投资收益水平。也就是说，对于我国社保基金的投资管理人并没有要求用投资管理人自有资产来进行担保，而只是提出连续三年达不到抵补标准将进行更换，这种制度隐性地保护了社保基金的投资管理人利益，并没有说明如果两类资金都无法弥补缺口时由谁来承担这个担保成本。而企业年金投资管理中也没有涉及用养老基金管理人的自有资金来进行担保缺口的补偿制度。

3. 中央担保基金

中央担保基金模式在现有的担保体系中较少出现，只有瑞典、匈牙利和

❶ 赵娟. 中国企业年金运营的风险管理研究，博士学位论文，上海：同济大学，2008年，47页。

波兰设定了中央担保基金机构。不同的是瑞士提供的担保收益是绝对收益率担保，年度的担保收益率为4%的名义收益率水平，并且担保成本由雇主和中央担保基金来承担。匈牙利政府设立中央担保基金，各养老基金向这个中央担保基金缴纳一定比例的费用，如果养老基金资产不足以满足其财务安排，则其需要额外向担保基金缴费，担保基金可以向央行借款，匈牙利政府用财政支出保证偿还担保基金的借款。如果担保基金的资产超过规定的上限，那么将延期向养老基金收费。担保基金为养老基金提供担保收益率不足的担保，同时也为个人账户资金不足时提供最低给付担保。波兰养老基金有一个储备基金，如果储备基金不充足，养老基金需要用自有资产来偿付。如果仍旧不充足，那么养老基金宣布破产，政府担保基金来弥补这个差额。政府的担保基金由政府的劳动保障处来管理，担保基金资产来自于养老基金缴费和养老基金投资收益，整个的担保基金资产值不能超过所有养老基金净资产的0.1%。如果担保基金出现赤字，政府财政预算来偿还负债。匈牙利和波兰第二支柱养老金都为强制缴费的DC计划，而且也都为养老基金提供了两层担保制度，并且担保基金的亏损都由政府财政来支付。不同的是匈牙利的担保是一个双限期权，波兰的收益担保则是没有上限要求的。匈牙利的中央担保基金向养老基金收取保费，而波兰的则不收取养老基金的保费。波兰的收益担保既没有上限设定又不向养老基金收取保费，这无疑增加了政府的负担。但这种中央担保基金制度还是值得在中国试行的。可以考虑由财政出资成立中央基金担保机构，负责全国范围内的养老基金投资风险担保业务。中央基金担保机构向各个参保的基金管理人收取一定比率的保险费作为其风险准备金的一部分，风险准备金的另一部分应主要来自于财政拨款。

4. 政府

养老一直是政府关注的重要民生问题，也是维系社会稳定、安全的一个重要因素。在金融危机的背景下，养老保险在保障职工的退休经济安全的同时又多了一个功能——拉动内需。只有在退休后的生活得到充分保证时，职工才敢把储蓄拿出进行当期消费。而政府是养老金系统的最后一道安全网，中央担保基金实际上是执行着政府财政的部分功能，但却是独立出来的一个机构。当中央担保基金无法弥补这个缺口时，则由政府来提供最后的支持。相比之下，匈牙利政府向养老基金管理公司收取保险费，以再保险人的身份出现，如果担保基金出现赤字，则由政府出面承担所有债务，这样会相对减轻政府的财政压力。不管怎样，各国政府不论是从道义上还是实践中都起到了最后担保人的身份的作用。

5. 个人账户持有人

在个人有权利选择不同风险级别的投资组合情况下，个人账户投资收益的担保成本完全由基金管理公司或政府来承担，虽然可以起到保障基金的最低收益、保持社会稳定、减轻计划参与者负担，但是增加了个人账户持有者的道德风险。因为一旦账户持有人有了不需要支付成本的最低收益，那么他们一定都会偏向选择高风险高收益的投资组合，给基金管理公司和政府带来较大的支付风险，并且如果对于所有的计划参与者都采用完全相同的担保，在相同的担保收益率下，为高收入者提供担保产生的担保成本更大，这样相对增加了高收入者的保障水平。针对这种个人账户持有者可能存在的道德风险，有两种解决办法。一种是设定一个标准的投资组合，基金管理人为每个计划参加人提供由标准投资组合产生的最低收益率，如果计划参加人选择其他的投资组合，那么参加人将自行购买担保最低收益率可能产生的成本。还有一种就是可以提供一定的选择权，在未来的一定年度，计划参加人拥有一个 DB 计划回购期权，也就是让 DC 计划参与者自行决定是否购买，以及在何时行使这一期权，这种形式就是由计划参加人自己为需要的担保买单。相对来说，由计划参与者承担个人账户担保成本比较公平，支付的担保成本等于未来担保给付的期望现值。美国佛罗里达州养老金担保计划就是采用这种解决办法。但是，担保成本会随着投资组合规模的增大而增加，担保成本的增加对于高收入者不会有很大困难，但是对于低收入者很可能达到缴费水平的很高比例，他们甚至根本没有能力来承担这笔额外的支付，然而恰恰是他们往往更需要担保。

6. 雇主

雇主通常是作为养老金个人账户的计划发起人和部分缴费者，而不作为养老金计划收益保证的担保人。但是实际上雇主在一定情形下也可以作为担保成本的分担者，如瑞士。当然，雇主作为担保人也只是作为部分成本的分担者，其成本分担情况依据养老金计划的设计。

设计出灵活的担保成本分摊方式是为养老金计划提供担保的一个重要考虑因素，怎样的承担方式既能起到保障作用，又让成本承担者觉得能够接受和承担。这是一个庞杂的问题，需要根据国情和背景及计划的特征来制定，也需要不断地根据出现的问题进行改进。

二、保证成本分担方式

国际上较为常用的几种担保成本分担方式分别是：建立准备金制度、购买再保险、标准化投资方案、允许买回 DB 计划。有些国家采用某一种担保成本分担方式，也有些国家考虑同时采用几种分担方式的组合，针对不同性质和目标的养老金体系采用不同的担保方式。

（1）建立准备金制度是一种常用的担保机制

在基金投资的过程中，基金管理人的主观因素和证券市场投资风险都会对投资收益产生影响。现行的准备金制度多为风险准备金，风险准备金通常是从投资管理人的管理费中提取，减少了投资管理人的收益，不利于发挥对投资管理人的激励与约束。因此部分学者提出在风险准备金制度的基础上，通过赋予投资管理人剩余收益的索取权，也就是设立盈余准备金，把投资的超额收益存入盈余准备金账户。一旦投资出现亏损，首先从盈余准备金账户支取，其次才是风险准备金账户。这样既可以保障个人账户持有者的最低收益，又可以激励投资管理人积极投资。当然更高层次的准备金制度就是中央担保基金来作为基金管理人的准备金。准备金的资金来源有年金基金超额投资收益、管理机构的自有资本、管理机构向年金基金收取的佣金三种。智利的私人养老金计划担保机制的基金来源主要是前两种，也就是说智利的私人养老金担保包括盈余准备金和风险准备金两个层次，而中国的社保基金的准备金制度只有风险准备金，没有盈余准备金制度，这也是学者认为我国社保基金准备金风险准备金制度形同虚设的一个原因。因为目前既没有规定最低的基金投资收益率，只有在投资发生重大亏损时才用风险准备金弥补，重大亏损没有明确界定，因此也就不存在从管理费中提取一定比例来弥补缺口。准备金制度的合理设定对担保成本的分担起到最基本的保障作用。

（2）购买再保险产品

再保险的定义本身是指代保险人在原保险合同的基础上，通过签订分保合同，将其承担的风险和责任部分或全部转移给其他保险人的一种保险。香港强积金局要求所有强积金计划受托人购买保险公司的专业补偿保险，用来赔偿因受托人或其他管理机构失误或违法行为而造成的强积金权益损失（刘昌平，谢婷，2009）。丹麦的职业年金计划也是通过购买保险产品为最低收益率提供担保，其中的最高收益率设定会随着市场利率变化而有所变化。通过购买再保险产品对于担保人来说可以通过支付一定的成本把风险锁定在一定水平，或者把风险转移到其他保险人身上。英国的投资银行和共同基金会按照看跌期权的价格购买一定收益率的担保产品。

（3）标准化投资组合

雇主和雇员通过投资组合的选择来实现担保。智利从1999年以来基金管理人被要求提供两种不同的投资组合，一种是分散化的，另一种是和价格指数固定收益证券挂钩的组合。两种组合都有各自的最低收益率，这就增加了职工的投资选择权，同时职工还拥有在退休前转换到低风险的投资组合的权利，而政府对投资组合中的海外投资进行了严格的数量限制，以减少投资管理人道德风险。但是这种对投资组合分散化投资的限制实际上是降低了投资组合的效率，因而财政为提供担保而付出的成本迅速增加。日本2001年新实行的补充养老保险为雇员提供三种投资组合，其中的一种就是包括保证账户余额大于缴费总额的投资组合[1]。波兰从2005年1月起，每个养老基金公司

[1] Sule Sahin. A Cost Analysis of a Minimum Pension Guarantee for the Individual Pension System In Turkey. University of Utah Department of Economics 2009（13）P11.

都提供两种类型的担保基金，A类型基金投资于金融工具，B类型基金投资于固定收益证券，两种基金的收益分开计算，每一种基金都需要满足一个最低收益的保障。美国允许私有养老金计划参加者将养老基金投资于指数化债券，这类债券提供一个最低真实收益率担保，也允许计划参加者购买带担保的产品，如担保投资合约（GICs）和银行投资合约（BICs）或指数化年金产品，这些产品通常提供收益率担保[1]。从上述这些国家的实际情况可以看出，任何担保人都不提供无条件的担保。建立几种基准的带担保的投资组合既方便投资管理人掌握风险大小，又规避了雇员盲目选择高风险投资产品而产生的道德风险。

(4) 与DB计划关联的方式实现担保

把DC型计划最低收益率与DB型计划相关联的方式在美国较为常见，并且有不同的形式，如美国俄亥俄州大学教师年金计划2001年开始就由该制度中的一个DB型计划作为担保资金来源，并为DC年金计划的收益缺口提供资金补充，DC计划的最低担保收益率为每年7.75%。如果计划参加者的DC计划的投资收益率低于担保最低收益率，收益率不足部分将由DB计划的基金来弥补。若收益率超过担保最低收益率，超额部分被要求纳入DB计划中[2]。美国的佛罗里达州州立养老金改革则是提供一个允许DC计划在退休前转换成DB计划的选择，来达到固定收益水平的养老金。

第三节　基本养老保险个人账户担保成本分担分析

一、名义账户情形

中国的基本养老保险个人账户情况比较特殊，名义上是DC型的基金积

---

❶ 刘昌平，谢婷．中国企业年金计划担保机制研究．保险研究，2009年第8期。

❷ 刘昌平，谢婷．中国企业年金计划担保机制研究．保险研究，2009年第8期。

累制个人账户，由于历史的原因个人账户还是按照空账运转，只是按照一定的名义利率进行积累，由记账利率产生的保证成本也主要由政府来承担。实际上担保的方式既不存在准备金制度也不存在标准化投资组合和购买再保险，只是在一定程度上和DB型的统筹账户有一定关联，这种担保的关联并不直接体现在担保成本的支付上，而是在个人账户的积累值支付完之后，从统筹账户支取之后的生活费用，保证成本的分担只在地方政府和中央政府之间协调。由于我国财政和税收采取的分权制，作为准公共产品的养老保险制度产生的费用主要由地方政府承担。财政分权制的初衷在于提高地方公共物品的供给效率，使地方性公共物品在最优规模上以最小化成本提供。但中国的国情是政治上集权、经济上分权，制定税率和确定税基等权利都在中央，地方的财政收入可以通过中央政策的制定而改变，养老保险制度也有相似之处。各个省的养老保险个人账户的缴费由各省统筹，但是缴费和支出等相关标准和依据由中央政府统一制定，制定全国统一的政策存在一个全国性各省利益之间的权衡，比如退休人员待遇标准的制定等。权衡的结果是部分省地方财政支付由记账利率产生的担保成本没有困难，但是另一些省区则存在一定程度的财政困难。这种情形下中央财政在考虑制定统一政策的同时，也需要对部分省区给予一定的财政支持。中央财政和地方财政如何来分配担保成本比例则需要进一步研究。

二、实账积累情形

在基本养老保险个人账户不断做实的情形下，个人账户资金在资本市场运作，为个人账户提供收益保证的方式上述四种方法都可以采用，但笔者认为在中国背景下，应以建立准备金制度和标准化投资组合为主，另外两种方法为辅。

建立准备金制度是担保最常用也是最通用的方法。从我国社保基金和企业年金政策的规定可以看出，一旦个人账户做实，准备金制度应该会配套制定。准备金制度应该建立盈余准备金和风险准备金两种，而不只是建立单一的风险准备金，这样做有利于调动投资管理人的积极性。在个人账户资金交由市场运作后，中央担保基金制度对中国来说也是有必要成立的。中国为了保障商业保险中被保险人的利益，支持保险公司稳健经营，在2008年成立了保险保障基金有限公司。由保险公司按照保险监督管理机构的规定提存保险保障基金，在保险公司被宣告破产，以及保险业面临重大危机的情况下，用于向保单持有人或者保单受让公司等提供救济。对于商业保险的被保险人成立了这样的一个担保公司，那么对于社会养老保险，中央也可以考虑成立一个类似职能的中央担保基金有限公司。对养老基金投资管理人收取一部分的担保费用，用来保障养老基金投资管理人破产时个人账户持有人的最低收益。最后中央担保基金不能够承担时，再由国家财政来弥补。当然也可以考虑由保险保障基金管理有限公司扩展职能，承担起社会养老保险的担保人角色。这样分层担保的模式减轻了国家财政的负担，对中国的国情更加适合，因为政府财政不仅承担着社会统筹账户的基金缺口，还需要负担养老金隐性债务，以及由于个人长寿所引起个人账户基金耗尽的缺口，这些基金的缺口对政府财政都已是沉重的负担。因此，有必要成立一个中央担保基金公司进行运作，减轻政府财政压力，这样做的目的并不是政府在推卸责任，而只是把担保成本在不同的养老基金公司之间进行分担，增加分担人以减轻政府财政的压力。

基金管理人对标准化投资组合的投资收益进行担保，对于个人账户持有者来说是一种相对公平的方式。高收入者如果觉得标准化投资组合的收益偏低，可以自己再为获得超额收益对应的超额风险支付一定的费用。这样投资管理人在减少为个人账户资金承担的风险的同时也减少了一部分担保成本，又能满足所有人达到一个合理适度的最低收益的要求，从而有利于控制个人账户持有者的道德风险。从各个国家养老基金建立标准化投资组合的经验来看，标准化的投资组合通常不止一种，一般都是建立2到3个组合，增加个人账户持有者的投资选择权。考虑到我国地域差距较大，单一的投资组合无法满足各种要求，因此可以考虑设定3种投资组合供账户持有者选择，同时允许在特定时点上在投资组合之间进行转换。

在目前的情况下，基本养老保险个人账户收益在一定程度上是和DB计划的社会统筹账户相关联的，如政策规定如果个人账户资金耗尽而职工仍然存活，这种情况下将从统筹账户提取资金用来支付他们的生活费用，这样保障了退休人的长寿风险。在做实个人账户之后，也可以把担保成本在准备金不足以抵补的基础上和统筹账户相关联，由于这种方式涉及统筹账户缺口增大的问题，需要慎重考虑。

购买再保险产品是一种简单易行的方法。在英国，担保成本都是以看跌期权的形式出售给共同基金，由于国内期权市场还没有发展起来，用于对冲金融风险的工具还比较少，也不成熟，所以这种方式可以最后考虑使用，甚至不用考虑。做实之后的基本养老保险个人账户的担保成本分担思路如图5-2所示。

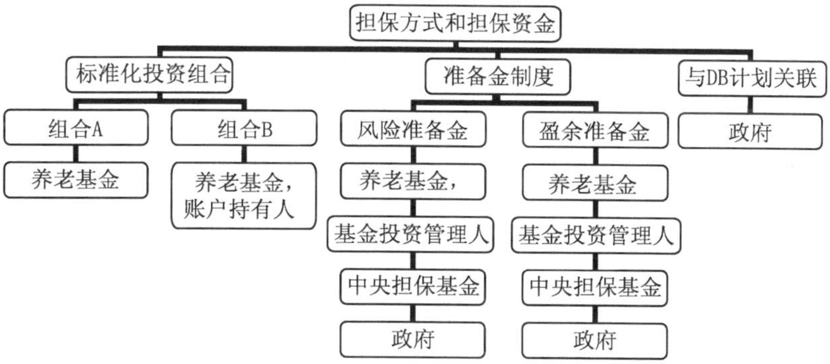

图5-2　基本养老保险个人账户实账积累担保思路

第四节　企业年金个人账户担保成本分担分析

企业年金个人账户从建立之初就采用了实账积累制，年金基金投向资本市场，一旦设定最低收益率担保，那么常用的几种担保方式理论上都可以采用，但是从实际情形看，并不可能都采用。企业年金个人账户和基本养老保险个人账户基金最大的区别是，企业年金个人账户资金并非是强制缴费，缴费水平的高低也是单位和个人的一种自愿行为。因此，企业年金个人账户基金在公平和效率方面更加倾向于效率。由于是一种自愿性行为，那么在承担责任方面个人账户持有者需要对自己的选择负更多的责任，企业年金基金投资管理人也需要为投资收益提供一定的收益保障，并分担部分担保成本。政府在企业年金基金的担保制度中责任体现并不明显，政府主要作为政策的制定者和制度的监管者身份。因此在担保制度的分担方式方面主要是以制定有选择的投资组合为主，这里应注意的是，有选择的投资组合并非标准化的投资组合。笔者认为对于企业年金基金效率优先的情况下，允许个人投资风险的差异性存在，企业年金投资管理公司可以设定不同投资策略的组合方式，并以一定的价格出售给个人账户持有人，这个价格可以是把担保看做是看跌期权的方式计算出来的价格的一定比例，如50%。账户持有人根据自己对最低收益率的不同需求来购买担保，由于基金投资管理人也具有一定的责任，因此对于这个担保成本，可以根据基金管理公司或者行业一定标准来制定这个分担比例。

为企业年金基金建立准备金制度是担保成本的主要分担方式，这个制度的模式和做实的基本养老保险情形差别不大，仍然需要风险准备金和盈余准备金制度，只不过依据对安全性的要求不同，对准备金的计提比例可以和基本养老保险个人账户稍有差别，当然成本承担的责任主体是企业年金基金和企业年金投资管理公司。购买再保险产品和向中央担保基金缴费，都是企业年金基金投资管理人分担自身担保成本的一种方式。在中央担保基金存在的情况下，为企业年金基金受益人提供最终担保也是有必要的，这样能增加企业年金的缴费积极性，有利于发展企业年金业务。

虽然从总体角度看实账积累制度下的养老保险个人账户基金的担保和企业年金个人账户担保思路差别不大，但在具体的政策参数设定会有所体现，两者之间最大的差别在于个人账户持有者在企业年金担保收益担保中责任增加了，政府的责任降低了，基金投资管理人依然是担保的责任主体。因此在担保方式上更加灵活，在资金来源上个人为担保支付的资金更多，这也是符合实际情况。

第五节　本章小结

本章在分析个人账户担保资金来源和担保方式之后，分别对基本养老保险和企业年金个人账户的担保成本分担形成了如图5-2和图5-3所示的担保思路，虽然思路差别不大，但是具体的政策侧重点还是不完全相同的。两者之间最大的差别在于个人账户持有者在企业年金担保收益担保中责任有所增加，政府的责任相对降低，基金投资管理人依然是担保的责任主体。而对于没有做实的个人账户担保成本在中央政府和地方政府之间的比例分担涉及一个更加广阔的领域——公共财政学，对这个问题的探究将会是本书的一个后续工作。

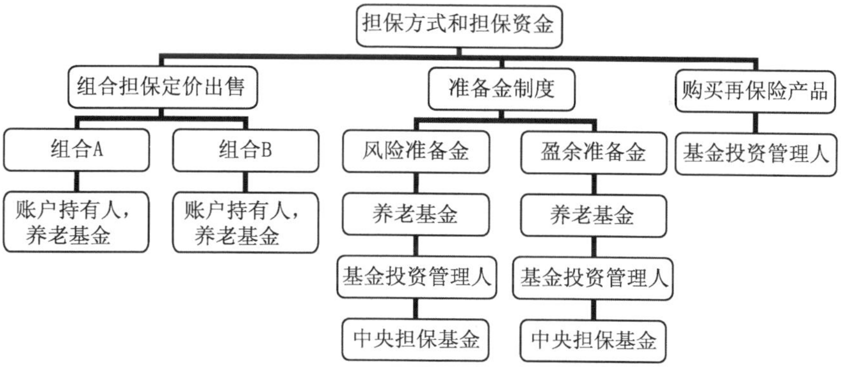

图5-3　企业年金个人账户实账积累担保思路

第六章 政策建议与研究展望

养老保险改革是一项任重而道远的宏伟工程，无论是对宏观政策调整还是微观参数变动的研究都为改革的进程不断添砖加瓦，改革目的仍是以保障、公平、效率、可持续等关键字为核心和标准。本书从养老保险最基本的功能——退休收益保障功能入手，着眼点却有所不同。本书综合运用精算学和金融学方法，以个人账户提供收益保障制度背后所需要的担保成本为研究对象，形成一系列的结论，并提出相关建议。由于知识水平及现实数据的约束，研究有一定的局限性，同时仍存在一些深层次的问题需要进一步的研究和解决，这将成为未来研究的一个方向。

第一节 主要结论

本书在前人研究的基础上，分别对养老金收益保障制度和收益保证成本评估的方法进行深入、系统地总结，并针对我国养老基金的具体国情、政策法规、人口结构提出适合我国的养老保险收益保证制度，研究了我国当前基本养老保险基金进入资本市场之前，待解决的重要问题。本书研究了为养老基金投资建立有效的收益保障机制、收益保障成本的度量、评估和分担方式等，以及具有实账积累的企业年金账户提供收益保障的担保成本评估问题。全书的主要研究结论如下：

第一，双限利率担保成本评估公式的推导。在考虑最低收益率担保为养老金受益人提供收益保障的同时，也出现一定程度的道德风险。在这种情况下，对收益率仅仅设定最低值是不够的，还可以考虑设定一个上限值，以弥补计划发起人由于承担最低收益担保的部分损失。本书设计双限收益率担保是由一个相对收益率担保和一个绝对收益率担保组成，当然上限也可以设定成相对收益率担保的形式，担保的下限是与利率市场挂钩的相对收益率，设定为t时刻开始δ年到期的即期利率，是个变动的值，担保的上限是一个固定的水平。本书通过双限收益率担保的结构及金融模型设定推导出双限收益率担保成本评估的显式解，为双限利率担保成本的计算提供了较大的方便。

第二，基本养老保险个人账户收益保证成本的评估。在构建了中国基本养老保险个人账户现在情形和未来可能情形两种收益保证制度之后，针对现在情形下的名义担保收益率，进行收益保证成本的度量。这种度量基于两种保证方式，一是固定收益率保证，另一种是与利率挂钩的随机担保收益率，并与现行保证利率进行比较。通过评估与分析发现现行的保证收益率是偏低的。因此，本书提出适合个人账户的担保收益率为2年期或者3年期银行定期存款利率，并对经济增长率或通货膨胀率出现异常波动的年度在原有担保收益率的基础上进行与经济增长率或通货膨胀率挂钩的调整。基本养老保险个人账户虽然目前仍是空账运转，个人账户的定位却是基金积累的。随着个人账户做实步伐的加快，个人账户资金必将进入资本市场进行投资运作，本书也对未来可能情形下的收益率担保制度进行探讨，但没有具体评估。

第三，企业年金个人账户收益保证成本评估。本书针对企业年金个人账户的特点及基金定位，分析了建立企业年金个人账户收益率担保制度的必要性。在分析之后提出三种担保方案，并对每种方案的担保成本进行评估，对不同方案进行比较，最后进行敏感性分析。结果表明，双限收益率担保的担保成本相比较而言最小，而且对关键参数的稳定性较好，较为适合我国的企业年金个人账户收益担保，同时担保的上限收益率可以起到很好的调节担保成本大小的作用。

第四，收益保证成本的分担方式探讨。针对基本养老保险个人账户和企业年金个人账户收益保证制度的差异性，以及承担主体的不同，分别探讨了不同情形下收益保证成本的分担方式。在基本养老保险个人账户的保证成本是由政府来承担的情况下，在个人账户没有做实时，保证成本的分担自然落到中央政府和地方政府。而企业年金个人账户如果建立收益保证制度，涉及的责任主体较多。在对几种主流方式进行分析后，建议我国企业年金个人账户的收益保证成本最好是多层分担方式。

第二节　政策建议

一、针对基本养老保险个人账户

第一，提高现行名义账户保证收益率。现行的基本养老保险名义账户的保证收益率为 1 年期银行存款利率，而在中国无风险收益率多用 1 年期银行存款来代替，那么这个记账收益率只能保证无风险收益率，无法实现资金的保值、增值。因此适度地把担保收益率提高到 2 年期或者 3 年期银行定期存款利率是符合实际的一种改进，也是体现政府对资金使用的一种补偿，也为增加个人账户缴费的积极性做出贡献。

第二，在经济增长率或通货膨胀率异常年度，调整保证收益率。退休的职工有权利享受由经济增长和社会生产力带来的进步，也应该在出现极度通货膨胀年度收益得到保障，不至于在经济增长的时候收入没有同步提升，也不至于在通货膨胀的情形下，生活水平严重下降。在这样的年度，保证收益率需要在常规的数值下进行调整，与当时的经济增长和通货膨胀现状相符合。

第三，保证成本由中央财政和地方财政共同承担。目前我国的财政由两部分组成，一部分是中央财政，一部分是地方财政。中央和地方财政的收入来源于不同的税收种类，在财政支出上，中央财政和地方财政也有不同的作用。保证成本的负担应该是个人账户资金的一个借贷利息，个人账户资金的使用关系是和地方财政之间发生的，但是担保人却可以被看作是中央财政。担保成本从承担主体上应该是由地方财政来承担，中央财政只起到辅助作用。

由于我国实行全国较为统一的基本养老保险个人账户制度时，还要考虑到各省的财政能力，对于财政实力较弱的省份，中央财政应该给予一定的补贴。至于应该在多大程度上给予补贴，这是值得在后面研究和关注的一个问题，但基本的原则是考虑财政社会保障支出的负担能力，按照一定的比率来划分。负担能力与补贴比例的关系需要进一步的分析。

第四，实账后的担保收益率设定为双限收益率。目前基本养老保险个人账户实行的仍然是名义记账利率，但是做实后的个人账户投向资本市场运作，那么投资收益率的波动将有可能比较大，同样为个人账户持有人提供一定额度的担保的风险也就越高，因此，在个人账户资金投向资本市场之后，投资收益率上限的设定也是非常重要的，这个上限的合理设定可以有效地降低政府的财政或有支出，同时还能够保障个人的最低的收益水平。

第五，加强法律制定和监管力度。法律是一切制度实施的保障，如果没有法律法规的合理制定，一切好的建议都有可能达不到理想的效果，当然，有了法律法规还需要相关的监管。

二、针对企业年金个人账户

第一，逐渐放松投资数量限制要求。企业年金个人账户投资数量限制的放松是市场的需求也是发展的一个必然趋势。我国的资本市场随着各种金融工具的不断完善，中国股指期货的推出，各种套期保值和投资的方式正不断完善，如果还对投资资产的数量进行严格地限制将会大大降低投资的效率。投资组合的收益率不会有较大的改善，那么为之担保的成本也会有所增加。投资组合收益率的提高是减少担保收益率又不降低个人收益的一个最优的方式，因此有利于提高投资组合收益率的方法都应该得到鼓励。所以逐渐降低对投资资产的数量限制，逐渐转向“审慎投资人”的方式，既是一种国际养老基金投资的普遍规律，也是中国企业年金投资未来发展的一个必然。

第二，制定双限收益保障制度。双限收益率保障制度实际上是在投资收益保障制度设定情形下，相对减少收益保证成本的一种方式。如果在上限收益率设定较低的情形下，担保人不一定提供保证成本，甚至有可能通过担保还可以获得一定的收益。如果没有设定收益保障上限将会在投资管理人身上出现一定的道德风险。因为对于投资管理人来说，只要资金运作的投资收益超过最低收益的情形就可以，获得超额收益率对于资金管理人没有任何益处的情况下，则会缺少主观能动性去投资运作。一旦设定了收益率上限，那么超额收益将会被存入担保资金的准备金，以弥补投资效益较差年度的损失，这样既能发挥投资管理人的主观能动性，又能达到规避投资管理人道德风险的效果。

第三，建立多层收益担保制度。多层收益担保制度对于中国目前的情形还存在较大的距离。从匈牙利和波兰的经验可以看出，这种多层次的收益担保制度不论对个人账户还是基金管理人都得到一定程度的保障，最低层次的保障来自于个人账户自身，自己为了在未来能够达到一定的最低收益所提供的保障，当然也可以根据个人的风险偏好度来购买自己的最低保障收益率。第一层次的另一个保障是来自于基金投资管理人，投资管理人具有良好的专业知识来运作资金，同时也应该对资金的运作结果提供一定的保障，因此基金的投资管理人也应该为此提供担保。这里有一个问题，个人和资金的投资管理人按照何种比例来进行担保成本的分担，这取决于政策的制定。第二层次来自于投资管理人的自有资金，如果在投资管理人的担保准备金不足以支付担保成本时，将由投资管理人运用自有资金来补足担保成本。第三层次是来自中央担保基金公司，这个中央担保基金公司起到了通过再保险来分担风险的作用。再保险的方式来自于收取基金投资管理人的保险费，仍然采用期权定价的方式，来收取一定的保险费，那么在基金投资管理人破产的情形下，将由中央担保基金公司代为偿付个人账户持有者退休的支出。第四层次也是最后的安全网——国家财政，如果中央担保基金公司资产仍不足以支付为个人账户提供的最低收益时，将由国家财政来承担。企业年金账户虽然是补充养老保险，计划发起人也不是政府，但是养老金系统的稳定运行对于政府主体的意义非常重大，以至于不能忽略它的安全性和重要性，因此对于作为公共责任的承担者，这最后的安全网作用是责无旁贷的。

第四，担保成本的分担方式。企业年金个人账户的担保成本分担的分析和基本养老保险个人账户有所不同，基本养老保险个人账户的担保成本承担人主要是中央政府和地方政府，这是由资金的性质和权利让渡决定的。但是企业年金个人账户资金归个人所有，资金的使用权也归个人所有。为了避免道德风险和逆向选择的存在，担保成本的分担最好由多主体共同承担。个人按照期权价格的一定比例来购买这个权利，比如可以按照期权价格的50%，来购买未来自己个人账户退休时的最低值，同样投资管理人也需要为资金的运作承担一部分风险，这就体现出另外50%的担保成本由资金管理人承担，如果在资金管理人无力承担风险时，这时风险需要被转嫁，按照上述探讨的多层收益担保制度，这时候个人账户的最低收益将由中央担保基金公司来承担。这个中央担保基金类似于美国的PBGC(Pension Benefit Guarunty orporation)，可以在不同年度向资金管理人收取资金资产的一定比例的担保费。如果中央担保基金无力承担时，政府财政才成为最后的诉诸人。

第三节　研究不足与展望

一、研究不足

由于研究时间和本人能力有限，加之目前我国的养老金个人账户处在起步阶段，可供参考的实证研究数据资料比较少，进行了一些假设和模拟，数据的准确性存在一定的不足，我国与养老金研究相关的基础数据缺乏权威的来源，如人口结构的变化数据，实际工资增长率，以及无风险利率的标准，都缺乏权威性的来源，本书的数据来源只能借用一些机构或者学者的研究成果，这在一定程度上会影响到测算的精确性。本书的推算从2005年到2050年个人账户退休基金之规模，并利用蒙特卡洛模拟推算保证收益所带来的成本，但目前并没有参与个人账户基金人员的分年龄人口分布，以及参保人员工作年限分布等统计资料，故在计算退休人数上可能有所误差。此外，在模拟保证收益率时，历史数据过短有可能导致未来银行定期存款利率预测的偏差。国内对该主题的研究也是零星几篇，可以借鉴的文献资料不多。我国个人账户基金的建立时间还很短，实质性的资本化运作还没有正式开始，因此，本书的一些研究只能从理论上展开，尚有待实践的进一步检验。只能通过一些可量化的指标来反映具体问题，略显片面。

二、研究展望

除了研究中存在的不足之处，此外还有一些问题没有涉及或没有深入探讨，因此在今后的学习和工作中有待进一步提高，主要体现在：

第一，对于个人账户双限收益率担保成本公式的推导基于设定的上限为固定收益率担保的情形，没有对上限是随机收益率担保的情形进行研究。上限也设定为随机的担保收益率则包含本书推导的上限为固定值的情形，因此对于下限为利率担保收益率的不同上限情形的担保成本公式推导将更具有普遍性和一般性，是进一步深入研究的一个方向。

第二，在对基本养老保险个人账户收益保证成本进行评估时，是基于现实情形，而对于做实的个人账户担保成本评估没有进行研究。由于完全做实的个人账户投资存在一定的现实难度，做过多假设将会降低评估意义。虽然笔者基于做实情形的个人账户担保做过基本研究，但是在未来个人账户不断做实的趋势下，将会有更多新的问题出现，对以实账积累的个人账户为研究对象的追踪也将成为今后研究的一个课题。

第三，本书的研究没有考虑死亡率的随机性对担保成本带来的影响。死亡率的下降一方面影响人口的预期寿命，另一方面也对劳动力的最优退休年龄有所影响，而这两方面都影响着个人账户参保人的缴费和支出，因此也影响担保成本的变化，对于加入死亡率的担保成本研究将会使得担保成本的评估更加精确，而且也是未来值得研究的热点。

第四，对于企业年金的研究进一步完善。企业年金个人账户保证成本的评估方案设定基于固定收益率、与市场利率产品挂钩、双限收益率三种担保模式，没有考虑与市场投资组合收益率或者行业平均投资收益率挂钩的情形，这也是我国资本市场现实情况不完善所致。实际上与市场组合收益率挂钩的担保收益率是较为常见的一种担保方式，随着各方面环境的发展，对这种方案的可行性分析、方案设计、成本评估也需要被考虑进去，这也是本书完成后可以继续关注的问题。

第五，将研究延伸到公共财政领域。在担保成本分担的讨论中，基本养老保险现实名义账户的担保成本分担主要在中央政府和地方政府之间，如何协调的问题涉及另一个学科领域——公共财政学知识，在结合财政学内容与社会保障学理论的基础上，进一步探讨这两者之间的成本分担关系，不论从哪个角度都是值得重点研究的。

总之，本书的结束只是研究的开始，现实情况的变化将会给本课题带来更多思考、琢磨、细化的空间，最终的目标是从养老保险理论中来，到养老保险实践中去，伴随着中国养老保险事业的发展。

附　录

附表 1-1　经合组织（OECD）国家养老基金投资限制情况

国家	政府对投资工具的限制性规定
美国	谨慎人原则，在确定收益计划中，自我投资不能超过总资产的 10%
英国	谨慎人原则，在确定缴费计划中，自我投资不能超过总资产的 5%
澳大利亚	谨慎人原则
加拿大	谨慎人原则，海外投资超过 20% 时征税，不动产投资不能超过 7%，不允许自我投资
荷兰	谨慎人原则，自我投资上限为 5%，建议对股票投资控制在 30% 以内
爱尔兰	养老金计划必须谨慎的进行多样化投资，自我投资上限为 5%
比利时	总资产的 15% 投资于政府债券，自我投资不能超过 15%，房地产投资不可以超过 40%，10% 为银行存款
丹麦	不动产存款，股票和信托投资不得超过 40%，海外资产上限为 20%，60% 投资于国内债券，不允许自我投资
法国	补充养老基金的资产中 50% 投资于欧共体政府债券，雇主的自我贷款不能超过 33%。保险基金不动产投资不得超过 40%，并将资产的 15% 投资于国库券
德国	指导性原则。欧共体国家股票最多可占 25%，欧共体国家不动产投资上限为 25%，非欧共体国家股票投资上限为 6%，非欧共体国家的债券上限为 6%，海外投资上限为 20%，自我投资上限为 10%
意大利	绝大多数养老金计划都必须保险，允许投资州债券，最多可达 90%，银行存款，不动产，抵押，证券以及投资基金

续表

国家	政府对投资工具的限制性规定
日本	指导性原则。至多 30% 的股票，20% 的不动产，至少 50% 的债券，最多 30% 的海外投资，其中，一个国家的投资不得超过 10%
葡萄牙	房地产投资不得超过 50%，股票不得超过 25%，20% 单位信托投资，20% 海外股票及债券
西班牙	允许将 90% 的资产投资于股票、债券、不动产、银行存款。在一个公司的投资不可超过 10%
瑞士	国内股票至多 30%，55% 房地产，30% 的海外现金资产
瑞典	将多数以上的资金投资于政府批准的债券和对缴费人的信用逆向贷款

资料来源：支燕．我国养老金模式选择及收益保障机制研究．天津：天津社会科学院出版社，2005 年，63 页。

附表 1-2 养老保险制度发展历程

阶段	时间	政策（文件）	实施要点
第一阶段（1950-1976）	1951	中华人民共和国劳动保险条例	职工工资 3% 提取保险金，全国范围内调剂
	1955		建立机关事业单位养老保险
引入阶段	1958		统一企业和机关事业单位养老保险制度
	1966		养老保险制度停止运行
第二阶段（1978-1990）	1978	国务院关于工人退休、退职的暂行办法	实行了养老保险费用社会统筹，建立劳动合同制工人养老保险制度，养老保险基金实行国家、企业和个人三方负担，引入个人缴纳养老保险费机制
恢复性改革阶段	1980	关于整顿与加强劳动保险工作的通知	国营企业对中断的企业社会保险管理工作进行全面的整顿和恢复
	1984	关于经济体制改革的决定	广东、江苏、辽宁等省的几个市、县首先进行了“国营企业职工退休费用社会统筹”的改革试点
	1986	国有企业实行劳动合同制暂行规定	确定劳动合同制职工养老保险的办法，进一步明确退休养老保险基金由国家、企业和个人三方负担的原则
	1988	中华人民共和国私营企业暂行条例	规定有条件的私营企业应为职工办理养老保险
第三阶段（1991-2000）	1991	关于企业职工养老保险制度改革的决定	筹资由企业、职工、国家共同负担，职工个人按本人工资的 3% 缴纳养老保险费
	1993	中共中央关于建立社会主义市场经济体制若干问题的决定	正式决定实行社会统筹和个人账户相结合的社会保险制度。两大突破：个人账户的设置——积累制；社会保障行政管理和社会保险基金经营要分开

续表

阶段	时间	政策（文件）	实施要点
探索性改革阶段	1995	关于深化企业职工养老保险制度改革的通知	具体确定“社会统筹与个人账户相结合”的实施方案，确定“统账结合”是中国城镇企业职工基本养老保险制度改革的方向
	1997	关于建立统一的企业职工基本养老保险制度的决定（26 号文件）	解决养老保险制度多种方案并存的破碎局面，采取了措施，统一规定
第四阶段（2000–2006）	2000	关于印发完善城镇社会保障体系试点方案的通知（42 号文件）	从 2001 年 7 月开始在辽宁省进行完善城镇社会保障体系试点工作
“做实”个人账户试点阶段	2003		黑龙江和吉林两省进行扩大完善城镇社会保障体系试点工作
	2005	关于完善企业职工基本养老保险制度的决定（38 号文件）	试点改革扩大到除东三省之外的八个省、区、市，包括天津、上海、山东、山西、湖北、湖南、河南和新疆
	2006		试点改革扩大到 13 个省、市、区
第五阶段（2006–至今）	2006	十六届六中全会	提出基本建立“覆盖城乡居民的社会保障体系”的“全覆盖”阶段
“全覆盖”目标阶段	2007	十七大	加快建立覆盖城乡居民的社会保障体系
	2010	中华人民共和国社会保险法（35 号文件）	建立和完善城镇居民社会养老保险、新型农村社会养老保险制度。基本养老保险实行社会统筹与个人账户相结合，基本养老保险基金出现支付不足时，政府给予补贴。个人账户不得提前支取，记账利率不得低于银行定期存款利率，免征利息税

资料来源：作者整理。

附表 1–3　个人账户养老金计发月数表

退休年龄	计发月数	退休年龄	计发月数
40	233	56	164
41	230	57	158
42	226	58	152
43	223	59	145
44	220	60	139
45	216	61	132
46	212	62	125
47	208	63	117
48	204	64	109
49	199	65	101
50	195	66	93
51	190	67	84
52	185	68	75
53	180	69	65
54	175	70	56
55	170		

附表 1-4　2006—2050 年缴费人数与退休人数预测值

	缴费人数/万人	人均缴费/（元/年）	领取人数	平均领取额/（元/年）
2006	13 641	4006	4338	10 129
2007	14 601	4367	4367	10 450
2008	15 483	4765	4402	10 810
2009	16 149	5198	4443	11 208
2010	16 803	5662	4500	11 661
2011	17 321	6161	4645	12 235
2012	18 082	6519	4819	12 949
2013	18 823	6901	4973	13 691
2014	19 540	7316	5118	14 424
2015	20 180	7757	5287	15 241
2016	20 700	8239	5402	16 102
2017	21 185	8755	5604	16 915
2018	21 578	9288	5851	17 724
2019	22 071	9848	6017	18 480
2020	22 542	10 448	6176	19 322
2021	22 916	11 090	6325	20 163
2022	23 220	11 434	6555	21 072
2023	23 518	11 778	6931	21 987
2024	23 689	12 134	7251	22 835
2025	23 858	12 500	7597	23 651
2026	23 958	12 871	7894	24 476
2027	23 997	13 258	8159	25 282
2028	24 169	13 655	8498	26 145
2029	24 466	14 058	8815	26 998
2030	24 832	14 471	9158	27 882
2031	25 251	14 896	9460	28 765
2032	25 543	15 336	9720	29 654

续表

	缴费人数/万人)	人均缴费/（元/年）	领取人数	平均领取额/（元/年）
2033	25 833	15 803	9983	30 555
2034	25 997	16 278	10 233	31 467
2035	26 108	16 764	10 461	32 394
2036	26 249	17 262	10 681	33 336
2037	26 381	17 772	10 897	34 280
2038	26 553	18 299	11 094	35 257
2039	26 699	18 844	11 290	36 260
2040	26 738	19 406	11 466	37 269
2041	26 596	19 987	11 661	38 312
2042	26 462	20 589	11 905	39 398
2043	26 276	21 209	12 105	40 480
2044	26 139	21 848	12 323	41 590
2045	25 883	22 505	12 569	42 732
2046	25 668	23 182	12 805	43 926
2047	25 497	23 882	13 054	45 195
2048	25 332	24 604	13 278	46 497
2049	25 150	25 347	13 515	47 879
2050	25 001	26 111	13 805	49 344

附表 1-5　1989—2008 年定期存款利率数值表

日期	1 年	2 年	3 年	5 年
2012-07-06	3	3. 75	4. 25	4. 75
2012-06-08	3. 25	4. 1	4. 65	5. 1
2011-07-07	3. 5	4. 4	5	5. 5
2011-04-06	3. 25	4. 15	4. 75	5. 25
2011-02-09	3	3. 9	4. 5	5
2010-12-26	2. 75	3. 55	4. 15	4. 55
2010-10-20	2. 5	3. 25	3. 85	4. 2
2008-12-23	2. 25	2. 79	3. 33	3. 6
2008-11-27	2. 52	3. 06	3. 6	3. 87
2008-10-30	3. 6	4. 14	4. 77	5. 13
2008-10-09	3. 87	4. 41	5. 13	5. 58
2007-12-21	4. 14	4. 68	5. 4	5. 85
2007-09-15	3. 87	4. 5	5. 22	5. 76
2007-08-22	3. 6	4. 23	4. 95	5. 49
2007-07-21	3. 33	3. 96	4. 68	5. 22
2007-05-19	3. 06	3. 69	4. 41	4. 95
2007-03-18	2. 79	3. 33	3. 96	4. 41
2006-08-19	2. 52	3. 06	3. 69	4. 14
2004-10-29	2. 25	2. 7	3. 24	3. 6
2002-02-21	1. 98	2. 25	2. 52	2. 79
1999-06-10	2. 25	2. 43	2. 7	2. 88
1998-12-07	3. 78	3. 96	4. 14	4. 5
1998-07-01	4. 77	4. 86	4. 95	5. 22
1998-03-25	5. 22	5. 58	6. 21	6. 66
1997-10-23	5. 67	5. 94	6. 21	6. 66
1996-08-23	7. 47	7. 92	8. 28	9
1996-05-01	9. 18	9. 9	10. 8	12. 06

续表

日期	1 年	2 年	3 年	5 年
1993-07-11	10. 98	11. 7	12. 24	13. 86
1993-05-15	9. 18	9. 9	10. 8	12. 06
1991-04-21	7. 56	7. 92	8. 28	9
1990-08-21	8. 64	9. 36	10. 08	11. 52
1990-04-15	10. 08	10. 98	11. 88	13. 68
1989-02-01	11. 34	12. 24	13. 14	14. 94

资料来源：中国人民银行网站（http：//www. pbc. gov. cn/）整理获得。

附表 1-6 2006—2050 年个人账户年度收入 单位：亿元

	情景 1	情景 2	情景 3	情景 4	情景 5	情景 6	情景 7
2006	1570	1703	1840	1604	1639	1681	1711
2007	1847	2023	2211	1970	2022	2085	2132
2008	2159	2388	2638	2275	2338	2410	2452
2009	2478	2764	3084	2619	2697	2787	2840
2010	2821	3174	3576	2989	3084	3195	3262
2011	3172	3598	4095	3368	3482	3616	3697
2012	3513	4030	4646	3743	3881	4043	4142
2013	3895	4515	5266	4161	4325	4519	4638
2014	4318	5048	5950	4620	4813	5041	5182
2015	4761	5611	6680	5102	5325	5590	5755
2016	5231	6197	7432	5607	5858	6159	6346
2017	5757	6866	8306	6175	6462	6806	7022
2018	6270	7534	9201	6733	7058	7449	7695
2019	6830	8250	10 148	7335	7697	8136	8412
2020	7401	8941	11 031	7933	8324	8800	9099
2021	8023	9720	12 051	8595	9021	9545	9874
2022	8451	10 325	12 928	9065	9534	10 111	10 474
2023	8888	10 962	13 873	9551	10 066	10 703	11 105
2024	9291	11 554	14 768	9998	10 556	11 250	11 687
2025	9707	12 172	15 712	10 459	11 063	11 817	12 294
2026	10 090	12 748	16 605	10 882	11 530	12 342	12 855
2027	10 465	13 310	17 476	11 296	11 984	12 852	13 400
2028	10 917	13 985	18 516	11 794	12 531	13 467	14 056
2029	11 425	14 728	19 643	12 350	13 140	14 144	14 779
2030	11 986	15 556	20 905	12 967	13 815	14 900	15 584
2031	12 581	16 417	22 205	13 615	14 522	15 686	16 419
2032	13 128	17 204	23 400	14 208	15 167	16 400	17 180

续表

	情景 1	情景 2	情景 3	情景 4	情景 5	情景 6	情景 7
2033	13 734	18 065	24 695	14 862	15 875	17 184	18 010
2034	14 286	18 851	25 893	15 455	16 518	17 896	18 764
2035	14 798	19 583	27 013	16 005	17 114	18 555	19 463
2036	15 342	20 366	28 214	16 590	17 748	19 260	20 213
2037	15 879	21 131	29 381	17 164	18 370	19 948	20 943
2038	16 458	21 941	30 606	17 783	19 034	20 681	21 719
2039	17 046	22 761	31 841	18 407	19 707	21 421	22 502
2040	17 574	23 485	32 927	18 965	20 304	22 076	23 190
2041	18 004	24 079	33 824	19 416	20 788	22 605	23 747
2042	18 470	24 731	34 813	19 908	21 319	23 188	24 364
2043	18 892	25 311	35 683	20 351	21 792	23 708	24 913
2044	19 374	25 981	36 690	20 860	22 337	24 307	25 547
2045	19 819	26 611	37 655	21 331	22 846	24 869	26 142
2046	20 243	27 191	38 519	21 774	23 318	25 388	26 687
2047	20 724	27 855	39 511	22 282	23 860	25 983	27 317
2048	21 215	28 524	40 505	22 796	24 414	26 584	27 950
2049	21 711	29 217	41 562	23 321	24 976	27 206	28 605
2050	22 266	30 007	42 783	23 913	25 613	27 914	29 357

附表 1-7　2006—2050 年个人账户年度支出　　单位：亿元

	情景 1	情景 2	情景 3	情景 4	情景 5	情景 6	情景 7
2006	120	121	122	120	120	120	121
2007	141	143	145	142	143	143	144
2008	168	171	175	169	170	171	172
2009	198	204	210	200	202	204	205
2010	234	244	254	238	241	244	246
2011	287	301	317	293	297	302	305
2012	353	375	398	363	369	375	380
2013	425	455	488	438	446	456	462
2014	504	544	590	522	533	545	553
2015	597	651	712	621	635	652	663
2016	686	753	831	715	733	755	768
2017	810	897	999	848	871	898	916
2018	956	1067	1199	1003	1033	1068	1090
2019	1089	1225	1387	1147	1183	1225	1252
2020	1232	1394	1591	1300	1343	1394	1426
2021	1383	1575	1810	1462	1513	1573	1611
2022	1589	1823	2113	1684	1746	1819	1865
2023	1884	2182	2555	2004	2082	2175	2233
2024	2177	2540	3000	2320	2415	2528	2600
2025	2506	2946	3508	2677	2791	2928	3015
2026	2830	3349	4019	3029	3163	3325	3427
2027	3157	3758	4540	3384	3539	3726	3844
2028	3567	4275	5205	3830	4013	4233	4372
2029	3988	4810	5900	4290	4501	4756	4917
2030	4465	5421	6699	4811	5055	5352	5539
2031	4935	6028	7499	5326	5604	5943	6156
2032	5396	6624	8291	5829	6141	6522	6762

续表

	情景 1	情景 2	情景 3	情景 4	情景 5	情景 6	情景 7
2033	5881	7254	9131	6359	6706	7132	7400
2034	6378	7900	9996	6902	7285	7757	8053
2035	6879	8554	10 872	7449	7870	8387	8713
2036	7400	9233	11 783	8017	8476	9042	9398
2037	7931	9928	12 714	8596	9094	9709	10 097
2038	8476	10 642	13 675	9189	9728	10 394	10 814
2039	9046	11 392	14 687	9810	10 391	11 112	11 565
2040	9614	12 137	15 694	10 428	11 050	11 825	12 311
2041	10 231	12 949	16 792	11 098	11 767	12 599	13 122
2042	10 934	13 877	18 047	11 862	12 583	13 483	14 048
2043	11 608	14 767	19 251	12 593	13 365	14 329	14 934
2044	12 334	15 728	20 552	13 381	14 207	15 241	15 889
2045	13 122	16 772	21 967	14 235	15 120	16 230	16 925
2046	13 941	17 859	23 446	15 121	16 069	17 258	18 003
2047	14 833	19 049	25 074	16 088	17 105	18 383	19 182
2048	15 732	20 251	26 721	17 062	18 148	19 515	20 371
2049	16 707	21 560	28 520	18 119	19 281	20 746	21 663
2050	17 815	23 049	30 574	19 319	20 568	22 146	23 132

附表 1-8　2009—2050 年担保收益率情景

年份	2% 利率（情景 1）	4% 利率（情景 2）	6% 利率（情景 3）	1 年定期存款利率（情景 4）	2 年定期存款利率（情景 5）	3 年定期存款利率（情景 6）	5 年定期存款利率（情景 7）
2009	0.02	0.04	0.06	0.030 26	0.035 63	0.041 64	0.045 03
2010	0.02	0.04	0.06	0.029 93	0.035 26	0.041 21	0.0446
2011	0.02	0.04	0.06	0.029 61	0.0349	0.040 79	0.044 18
2012	0.02	0.04	0.06	0.029 31	0.034 56	0.040 39	0.043 77
2013	0.02	0.04	0.06	0.029 02	0.034 23	0.040 02	0.043 38
2014	0.02	0.04	0.06	0.028 74	0.033 92	0.039 67	0.043 02
2015	0.02	0.04	0.06	0.028 48	0.033 62	0.039 33	0.042 67
2016	0.02	0.04	0.06	0.028 24	0.033 34	0.039 03	0.042 35
2017	0.02	0.04	0.06	0.028 01	0.033 08	0.038 74	0.042 05
2018	0.02	0.04	0.06	0.027 79	0.032 84	0.038 47	0.041 77
2019	0.02	0.04	0.06	0.027 59	0.032 61	0.038 23	0.041 51
2020	0.02	0.04	0.06	0.0274	0.0324	0.038	0.041 27
2021	0.02	0.04	0.06	0.027 23	0.0322	0.037 79	0.041 05
2022	0.02	0.04	0.06	0.027 06	0.032 01	0.0376	0.040 85
2023	0.02	0.04	0.06	0.026 91	0.031 84	0.037 42	0.040 66
2024	0.02	0.04	0.06	0.026 77	0.031 68	0.037 25	0.040 48
2025	0.02	0.04	0.06	0.026 64	0.031 53	0.037 09	0.040 32
2026	0.02	0.04	0.06	0.026 51	0.031 39	0.036 95	0.040 17
2027	0.02	0.04	0.06	0.0264	0.031 26	0.036 82	0.040 03
2028	0.02	0.04	0.06	0.026 29	0.031 13	0.0367	0.0399
2029	0.02	0.04	0.06	0.026 19	0.031 02	0.036 58	0.039 79
2030	0.02	0.04	0.06	0.026 09	0.030 91	0.036 48	0.039 68
2031	0.02	0.04	0.06	0.026	0.030 81	0.036 38	0.039 57
2032	0.02	0.04	0.06	0.025 92	0.030 72	0.036 28	0.039 48
2033	0.02	0.04	0.06	0.025 84	0.030 63	0.0362	0.039 39
2034	0.02	0.04	0.06	0.025 77	0.030 55	0.036 12	0.0393

续表

年份	2% 利率（情景 1）	4% 利率（情景 2）	6% 利率（情景 3）	1 年定期存款利率（情景 4）	2 年定期存款利率（情景 5）	3 年定期存款利率（情景 6）	5 年定期存款利率（情景 7）
2035	0. 02	0. 04	0. 06	0. 0257	0. 030 47	0. 036 04	0. 039 22
2036	0. 02	0. 04	0. 06	0. 025 64	0. 0304	0. 035 97	0. 039 15
2037	0. 02	0. 04	0. 06	0. 025 57	0. 030 33	0. 0359	0. 039 08
2038	0. 02	0. 04	0. 06	0. 025 52	0. 030 26	0. 035 84	0. 039 02
2039	0. 02	0. 04	0. 06	0. 025 46	0. 0302	0. 035 78	0. 038 96
2040	0. 02	0. 04	0. 06	0. 025 41	0. 030 14	0. 035 73	0. 0389
2041	0. 02	0. 04	0. 06	0. 025 36	0. 030 09	0. 035 67	0. 038 84
2042	0. 02	0. 04	0. 06	0. 025 31	0. 030 04	0. 035 62	0. 038 79
2043	0. 02	0. 04	0. 06	0. 025 27	0. 029 99	0. 035 58	0. 038 75
2044	0. 02	0. 04	0. 06	0. 025 23	0. 029 94	0. 035 53	0. 0387
2045	0. 02	0. 04	0. 06	0. 025 19	0. 0299	0. 035 49	0. 038 66
2046	0. 02	0. 04	0. 06	0. 025 15	0. 029 85	0. 035 45	0. 038 61
2047	0. 02	0. 04	0. 06	0. 025 12	0. 029 81	0. 035 41	0. 038 58
2048	0. 02	0. 04	0. 06	0. 025 08	0. 029 78	0. 035 37	0. 038 54
2049	0. 02	0. 04	0. 06	0. 025 05	0. 029 74	0. 035 34	0. 0385
2050	0. 02	0. 04	0. 06	0. 025 02	0. 0297	0. 035 31	0. 038 47

附表 1-9　2006—2050 年度基金结余　　　　单位：亿元

	情景 1	情景 2	情景 3	情景 4	情景 5	情景 6	情景 7
2006	1450	1582	1719	1484	1519	1561	1591
2007	1705	1880	2065	1828	1880	1942	1988
2008	1991	2217	2463	2107	2168	2239	2280
2009	2280	2560	2874	2419	2495	2583	2635
2010	2587	2930	3323	2751	2843	2951	3016
2011	2885	3296	3778	3074	3185	3314	3392
2012	3160	3655	4247	3380	3512	3668	3762
2013	3470	4060	4778	3722	3879	4064	4177
2014	3814	4503	5360	4099	4281	4496	4629
2015	4164	4960	5968	4481	4690	4938	5092
2016	4545	5443	6601	4891	5124	5404	5578
2017	4947	5969	7307	5328	5591	5908	6106
2018	5315	6467	8001	5730	6025	6381	6605
2019	5741	7025	8761	6188	6514	6911	7160
2020	6169	7547	9440	6634	6981	7406	7673
2021	6641	8145	10 241	7133	7509	7971	8263
2022	6862	8502	10 815	7381	7788	8292	8609
2023	7003	8779	11 318	7548	7984	8529	8872
2024	7114	9014	11 768	7678	8141	8721	9088
2025	7201	9226	12 204	7782	8272	8889	9279
2026	7259	9399	12 586	7853	8366	9017	9429
2027	7309	9553	12 936	7912	8445	9126	9556
2028	7351	9710	13 310	7964	8519	9234	9685
2029	7437	9918	13 743	8060	8639	9388	9862
2030	7521	10 135	14 207	8156	8760	9548	10 045
2031	7645	10 389	14 706	8289	8918	9743	10 263
2032	7733	10 580	15 109	8379	9026	9878	10 418

续表

	情景 1	情景 2	情景 3	情景 4	情景 5	情景 6	情景 7
2033	7853	10 811	15 564	8502	9169	10 052	10 610
2034	7908	10 951	15 898	8554	9233	10 139	10 711
2035	7919	11 030	16 141	8556	9244	10 168	10 750
2036	7942	11 132	16 431	8573	9273	10 218	10 814
2037	7948	11 203	16 667	8568	9277	10 238	10 846
2038	7982	11 299	16 930	8593	9307	10 286	10 905
2039	7999	11 369	17 154	8596	9316	10 309	10 937
2040	7960	11 348	17 233	8537	9254	10 252	10 879
2041	7773	11 129	17 032	8318	9022	10 005	10 625
2042	7536	10 854	16 766	8046	8735	9705	10 317
2043	7285	10 544	16 432	7758	8427	9379	9979
2044	7040	10 253	16 138	7479	8130	9067	9658
2045	6696	9840	15 688	7096	7725	8639	9217
2046	6302	9333	15 073	6653	7249	8130	8683
2047	5891	8805	14 437	6193	6756	7600	8135
2048	5484	8273	13 785	5734	6266	7069	7580
2049	5005	7657	13 042	5203	5695	6459	6943
2050	4451	6958	12 209	4594	5046	5768	6225

附表 1-10　2006—2050 年末基金累计结余　　单位：亿元

	情景 1	情景 2	情景 3	情景 4	情景 5	情景 6	情景 7
2006	8918	9050	9187	8952	8987	9029	9059
2007	10 623	10 930	11 252	10 779	10 867	10 971	11 046
2008	12 614	13 146	13 715	12 886	13 035	13 210	13 327
2009	14 894	15 707	16 589	15 304	15 529	15 793	15 962
2010	17 481	18 637	19 912	18 055	18 373	18 744	18 978
2011	20 366	21 933	23 690	21 129	21 558	22 059	22 371
2012	23 526	25 589	27 937	24 509	25 070	25 726	26 133
2013	26 997	29 648	32 715	28 231	28 949	29 790	30 310
2014	30 810	34 152	38 075	32 330	33 230	34 286	34 938
2015	34 974	39 112	44 043	36 811	37 920	39 224	40 030
2016	39 519	44 555	50 644	41 702	43 044	44 628	45 608
2017	44 466	50 524	57 951	47 030	48 635	50 536	51 714
2018	49 781	56 991	65 952	52 760	54 659	56 917	58 319
2019	55 522	64 016	74 714	58 948	61 173	63 828	65 479
2020	61 691	71 563	84 154	65 581	68 154	71 234	73 152
2021	68 331	79 708	94 394	72 714	75 663	79 205	81 415
2022	75 193	88 210	105 209	80 095	83 451	87 497	90 024
2023	82 197	96 989	116 527	87 643	91 435	96 025	98 896
2024	89 311	106 003	128 295	95 320	99 576	104 747	107 984
2025	96 512	115 229	140 499	103 103	107 848	113 635	117 263
2026	103 771	124 628	153 085	110 956	116 214	122 652	126 692
2027	111 080	134 181	166 021	118 868	124 659	131 778	136 248
2028	118 431	143 891	179 331	126 832	133 178	141 012	145 932
2029	125 867	153 808	193 074	134 893	141 817	150 399	155 794
2030	133 388	163 943	207 281	143 048	150 577	159 947	165 840
2031	141 034	174 332	221 987	151 338	159 496	169 690	176 103
2032	148 766	184 912	237 096	159 717	168 522	179 568	186 521

续表

	情景 1	情景 2	情景 3	情景 4	情景 5	情景 6	情景 7
2033	156 620	195 723	252 660	168 219	177 690	189 620	197 131
2034	164 528	206 674	268 558	176 773	186 923	199 759	207 842
2035	172 447	217 704	284 698	185 329	196 167	209 927	218 592
2036	180 389	228 836	301 129	193 902	205 440	220 145	229 406
2037	188 337	240 039	317 796	202 470	214 716	230 383	240 252
2038	196 320	251 338	334 726	211 063	224 023	240 669	251 157
2039	204 319	262 707	351 880	219 659	233 339	250 978	262 094
2040	212 279	274 055	369 113	228 197	242 593	261 230	272 972
2041	220 052	285 184	386 145	236 515	251 615	271 235	283 597
2042	227 588	296 038	402 911	244 561	260 350	280 940	293 914
2043	234 873	306 582	419 343	252 319	268 777	290 319	303 893
2044	241 912	316 835	435 481	259 798	276 907	299 386	313 551
2045	248 608	326 675	451 170	266 894	284 632	308 025	322 768
2046	254 910	336 007	466 242	273 547	291 881	316 155	331 451
2047	260 801	344 812	480 679	279 740	298 637	323 756	339 586
2048	266 285	353 085	494 464	285 474	304 903	330 824	347 166
2049	271 289	360 742	507 506	290 677	310 598	337 284	354 109
2050	275 740	367 700	519 715	295 270	315 644	343 052	360 334

附表 1-11　2006—2050 年 7 种情形下保证成本　　单位：亿元

	情景 1	情景 2	情景 3	情景 4	情景 5	情景 6	情景 7
2006	129	262	399	162	198	240	270
2007	165	342	529	288	341	404	450
2008	209	438	689	326	388	461	503
2009	255	541	861	396	474	564	617
2010	307	659	1062	474	569	680	747
2011	363	789	1286	558	673	807	888
2012	432	949	1564	661	799	961	1060
2013	508	1127	1879	774	938	1132	1251
2014	588	1318	2220	890	1083	1311	1452
2015	672	1522	2591	1014	1237	1501	1666
2016	752	1718	2953	1128	1379	1680	1867
2017	850	1959	3399	1268	1555	1899	2115
2018	956	2220	3886	1418	1743	2135	2380
2019	1060	2479	4378	1564	1926	2366	2642
2020	1135	2675	4765	1667	2057	2533	2832
2021	1237	2934	5264	1808	2235	2758	3087
2022	1354	3228	5831	1968	2437	3014	3377
2023	1483	3557	6468	2146	2661	3298	3700
2024	1602	3866	7079	2309	2867	3561	3999
2025	1729	4194	7734	2481	3084	3839	4316
2026	1849	4507	8364	2642	3289	4101	4615
2027	1964	4809	8975	2795	3483	4351	4899
2028	2102	5169	9700	2979	3716	4651	5240
2029	2248	5552	10 467	3174	3963	4968	5603
2030	2415	5984	11 334	3395	4244	5329	6013
2031	2580	6416	12 204	3614	4521	5685	6418
2032	2727	6803	12 999	3807	4766	5999	6779

续表

	情景 1	情景 2	情景 3	情景 4	情景 5	情景 6	情景 7
2033	2884	7214	13 845	4011	5024	6333	7160
2034	3026	7591	14 633	4195	5258	6636	7504
2035	3158	7943	15 372	4365	5473	6915	7823
2036	3299	8323	16 171	4548	5706	7217	8170
2037	3434	8686	16 936	4719	5926	7503	8498
2038	3571	9055	17 719	4896	6148	7794	8832
2039	3709	9424	18 504	5070	6370	8084	9165
2040	3826	9737	19 179	5217	6556	8328	9442
2041	3920	9994	19 740	5332	6704	8520	9663
2042	4029	10 290	20 372	5467	6878	8747	9923
2043	4117	10 535	20 907	5575	7016	8932	10 137
2044	4225	10 832	21 541	5711	7188	9158	10 397
2045	4331	11 124	22 167	5843	7358	9382	10 655
2046	4419	11 368	22 695	5950	7495	9565	10 863
2047	4523	11 653	23 310	6081	7659	9782	11 116
2048	4624	11 932	23 914	6205	7822	9993	11 359
2049	4734	12 239	24 585	6344	7999	10 229	11 628
2050	4872	12 613	25 389	6519	8219	10 520	11 964

附表 1-12　随机工资增长率下各种情景保证成本　　单位：亿元

	情景 1	情景 2	情景 3	情景 4	情景 5	情景 6	情景 7
2006	129	262	399	162	198	240	270
2007	165	341	528	288	340	403	449
2008	208	437	686	325	387	459	501
2009	254	540	859	395	472	562	616
2010	306	657	1059	473	568	679	745
2011	361	784	1279	555	669	802	883
2012	428	940	1551	655	792	953	1051
2013	503	1118	1865	767	930	1123	1241
2014	584	1310	2208	885	1077	1304	1444
2015	671	1518	2584	1011	1233	1497	1662
2016	753	1720	2954	1129	1381	1682	1869
2017	856	1969	3412	1276	1563	1909	2125
2018	968	2243	3919	1435	1762	2157	2404
2019	1079	2518	4435	1592	1958	2403	2682
2020	1165	2736	4856	1709	2107	2591	2896
2021	1284	3030	5410	1873	2312	2849	3186
2022	1425	3373	6052	2065	2552	3150	3525
2023	1585	3767	6792	2285	2826	3495	3914
2024	1739	4150	7521	2495	3089	3825	4287
2025	1906	4566	8318	2721	3372	4182	4691
2026	2080	4994	9132	2953	3662	4547	5104
2027	2257	5432	9965	3190	3957	4919	5523
2028	2471	5961	10967	3476	4314	5370	6031
2029	2715	6556	12086	3800	4717	5876	6603
2030	3001	7254	13394	4180	5191	6472	7273
2031	3307	7997	14787	4584	5694	7103	7982
2032	3616	8746	16190	4991	6199	7734	8695

续表

	情景 1	情景 2	情景 3	情景 4	情景 5	情景 6	情景 7
2033	3957	9572	17 737	5438	6754	8432	9479
2034	4295	10 393	19 286	5880	7303	9122	10 253
2035	4639	11 232	20 861	6329	7860	9822	11 042
2036	5008	12 139	22 581	6811	8460	10 579	11 896
2037	5404	13 106	24 404	7324	9100	11 384	12 804
2038	5819	14 126	26 336	7866	9771	12 233	13 762
2039	6275	15 235	28 430	8454	10 504	13 155	14 802
2040	6735	16 352	30 524	9049	11 242	14 087	15 846
2041	7186	17 445	32 571	9627	11 962	14 988	16 861
2042	7694	18 681	34 884	10 281	12 777	16 012	18 015
2043	8206	19 925	37 209	10 940	13 594	17 045	19 178
2044	8801	21 371	39 906	11 708	14 545	18 242	20 525
2045	9425	22 889	42 747	12 511	15 545	19 501	21 944
2046	10 040	24 391	45 561	13 299	16 524	20 741	23 335
2047	10 746	26 109	48 780	14 210	17 651	22 161	24 942
2048	11 492	27 928	52 191	15 165	18 848	23 662	26 634
2049	12 290	29 890	55 901	16 194	20 126	25 284	28 457
2050	13 240	32 206	60 257	17 417	21 642	27 203	30 619

附表 1-13 2006—2050 年财政收入和支出预测

	国内生产总值增长速度	国家财政决算收入（亿元）	国家财政决算支出（亿元）
2006	11.0%	38 760	40 423
2007	12.2%	51 322	49 781
2008	8.6%	61 330	62 593
2009	11.1%	74 955	76 498
2010	8.6%	87 850	89 659
2011	5.1%	96 846	98 840
2012	14.8%	125 441	128 024
2013	5.5%	139 266	142 134
2014	9.2%	164 946	168 343
2015	11.9%	204 111	208 315
2016	12.2%	253 890	259 119
2017	7.5%	291 937	297 949
2018	12.1%	362 751	370 221
2019	6.4%	409 275	417 703
2020	9.0%	482 778	492 720
2021	14.5%	622 990	635 819
2022	5.4%	690 816	705 042
2023	10.3%	832 502	849 646
2024	6.1%	934 421	953 664
2025	11.2%	1 142 993	1 166 531
2026	8.0%	1 325 287	1 352 579
2027	10.4%	1 601 521	1 634 502
2028	10.9%	1 950 997	1 991 175
2029	8.1%	2 268 334	2 315 047
2030	11.0%	2 766 795	2 823 773
2031	11.5%	3 405 559	3 475 691
2032	9.0%	4 015 650	4 098 347

续表

	国内生产总值增长速度	国家财政决算收入（亿元）	国家财政决算支出（亿元）
2033	13. 8%	5 126 396	5 231 967
2034	12. 7%	6 427 211	6 559 570
2035	10. 3%	7 746 806	7 906 340
2036	11. 6%	9 542 304	9 738 814
2037	9. 8%	11 409 052	11 644 005
2038	12. 4%	14 249 587	14 543 036
2039	9. 1%	16 835 417	17 182 118
2040	11. 0%	20 542 287	20 965 325
2041	10. 3%	24 777 677	25 287 936
2042	4. 1%	26 791 703	27 343 438
2043	13. 6%	34 080 546	34 782 384
2044	9. 3%	40 400 344	41 232 329
2045	11. 7%	49 859 901	50 886 692
2046	11. 4%	61 262 089	62 523 690
2047	6. 7%	69 410 801	70 840 213
2048	6. 7%	78 677 171	80 297 411
2049	14. 5%	101 565 131	103 656 713
2050	9. 0%	119 802 434	122 269 587

参考文献

[1] Ajay Shah. Pension Guarantees in Developing Countries. 2006. [Online], Available at http: // www. mayin. org/ajayshah.

[2] Barrientos. Armando etal. What's the Impact of Non-contributory Pensions on Poverty? Estimates from Brazil and South Africa. CPRC/DEPP working paper 1 - 904049 - 32 - X, University of Manchester, Manchester, UK, 2003, 1-21.

[3] Bertranou. Fabio. Filling the Protection Gap: The Role of Minimum Pensions and Welfare Benefits ; Noncontributory and Social Assistance Pensions in Argentina, Brazil, Chile, Costa Rica, and Uruguay. Paper presented at the "Seminar on Financial and Actuarial Bases of Pension Schemes", International Social Security Association, Santiago, Chile, 2002, November 21 -22.

[4] Bodie, Z. and Merton, R. C. Pension Benefit Guarantees in the United States: A Functional A-nalysis. *The Future of Pension in the United States* , Philadelphia, Pension Research Council, 1993, 195-234.

[5] Boyle Phelim and Eduardo S. Schwartz. Equilibrium Prices of Guarantees Under Equity-Linked Contracts. *Journal of Risk and Insurance*, 1977, Vol. 44, 639-680.

[6] Brennan, Michael. J. and Eduardo, S. Schwartz. The Pricing of Equity - Linked Life Insurance Policies with an Asset Value Guarantee. *Journal of Financial Economics*, 1976, Vol. 3, 195-213.

[7] Cairns, Andrew J. G.. *Interest Rate Models: An Introduction.* Princeton and Oxford: Princeton University Press, 2004, 274.

[8] Chen K.. The Valuation and Risk Management of a DB Underpin Pension Plan. PhD. Thesis, Ontario: University of Waterloo, 2007.

[9] Cox, John and Stephen, Ross. The Valuation of Options for Alternative Stochastic

Processes. Journal of Financial Economics, 1976, Vol. 3, 145–166.

[10] Duffie, D.. *Dynamic Asset Pricing Theory.* Princeton University Press, 1996.

[11] Ekern, S. and Persson, S.. Exotic Unit–Linked Life Insurance Contracts. *The Geneva Papers on Risk and Insurance Theory*, 1996, Vol 21, 35–63.

[12] Feldstein, Martin and Andrew, Samwick. Potential Paths of Social Security Reform. NBER Working Paper No 8592., 2001.

[13] Hansen, Mette and Kristian, R.. Minimum Rate of Return Guarantees: The Danish Case. *Scandinavian Actuarial Journal*, 2002, Vol. 4, 280–318.

[14] Harrison, Michael and Andrew, H. C. and Kenneth R. Ferris. The Valuation of PBGC Insurance Using an Option Pricing Model. *Financial and Quantitative Analysis*, 1994, Vol. 29, 89–99.

[15] Harrison, Michael and David, Kreps.. Martingales and Arbitrage in Multi–period Securities Markets. *Journal of Economic Theory*, 1979, Vol. 20, 381–408.

[16] Heath, D. and Jarrow, R. and Morton, A.. Bond Pricing and the Term Structure of Interest Rates: A New Methodology for Contingent Claims Valuation. *Econometrica*, 1992, Vol. 60 (1), 77–105.

[17] Hull, J. C.. *Options. Futures and Other Derivatives* (*6th Edition*). Prentice Hall, 2005.

[18] Jan, Walliser. Retirement Guarantees in Mandatory Defined Contribution Systems. From *The Pension Challenge: Risk Transfers and Retirement Income Security.* New York: Oxford University Press Inc, 2003, Vol. 2, 38–250.

[19] Fischer, Klaus P.. A Discrete Martingale Model of Pension Fund Guarantees in Colombia: Pricing and Market Effects. (February 1998). CREFAWP 98 – 02. Available at SSRN: http://ssrn.com/abstract=62931.

[20] Kleinjans, K. J.. Social Security Reform and Pension Choice: The Case of Colombia. PhD. Thesis. Pittsburgh: Pittsburgh University, No. 3104741, 2003.

[21] Lachance Marie–Eve & Olivia S. Mitchell. Understanding Individual Account Guarantees. NBER Working Papers 9195, National Bureau of Economic Research Inc., 2002, 1–36.

[22] Lanchance Mari–Eve, Olivia S. Mitchell and Kent Smetters. Guaranteeing Defined Contribution Pensions: The Option to Buy – back a Defined Benefit Promise. *The Journal of Risk and Insurance*, 2003, Vol. 70 (1), 1–16.

[23] Larry Willmore. Universal Pensions in Low Income Countries. 2001. [Online] Available at http://ideas.repec.org/p/wpa/wuwppe/0412002.html.

[24] Larry Willmore. *Non-contributory Pensions: Bolivia and Antigua in an Context International*. United Nations Publication, 2006.

[25] Lindset S.. Relative Guarantees. *The Geneva Papers on Risk and Insurance Theory*. 2004. Vol. 29, 187-209.

[26] Margrabe, W.. The Value of an Option to Exchange One Asset for Another. *Journal of Finance*. 1978, Vol. 33, 177-86.

[27] Pennachi G. G.. The Value of Guarantees on Pension Fund Conversion. *Journal of Risk and Insurance*, 1999, Vol. 66 (2), 219-237.

[28] Ramakrishnan, Uma and Vamvakidis, Athanasios. Vamvakidis A. Forecasting Inflation in Indonesia. IMF working paper, [Online] Available at http://ssrn.com/abstract = 879845, 2002, 1-24.

[29] Sahin S.. A Cost Analysis of a Minimum Pension Guarantee for the Individual Pension System In Turkey. working paper, University of Utah Department of Economics, 2009, Vol. 13, 1-11.

[30] Schrager D. F. and Pelsser A. J.. Pricing Rate of Return Guarantees in Regular Premium Unit Linked Insurance. *Insurance Mathematics and Economics*, 2004, Vol. 35 (2), 369-398.

[31] Smetters K.. Controlling the Costs of Minimum Benefit Guarantees in Public Pension Conversions. *The Journal of Pension Economics and Finance*, 2002, Vol. 1 (1).

[32] Tang C.. Valuation of the Interest Rate Guarantee Embedded in Defined Contribution Pension Plans. PhD. Thesis, 台湾：台湾大学, 2008.

[33] Tang C.. Impacts of Investment Strategies and Participants' Behaviors on Guarantee Costs and Retirement Benefits in Defined Contribution Pension Plans. PhD. Thesis, 台湾：台湾大学, 2008.

[34] Teksoz T, Sayan S.. Simulation of Benefits and Risks after the Planned Privatization of Pension System in Turkey: Is The Expected Boost to Financial Markets Feasible?. *Emerging Markets Finance and Trade*, 2002, Vol. 38 (5), 23-45.

[35] Turner J. A, Rajnes D. M.. *Rate of Return Guarantees for Mandatory Defined Contribution Plans*. Washington DC, Blackwell Publishers, 2001.

[36] Yang, Sharon S., Meng-Lan Yueh, Chun-Hua Tang. Valuation of the Interest Rate Guarantee Embedded in Defined Contribution Pension Plans. *Insurance Mathematics and Economics*, 2008, Vol. 42, 920-934.

[37] Yvonne, S.. Minmum Pension Guarantees Introductory Report. Seminar for Social Security

Actuaries and Statisticians: Actuarial Aspects of Pension Reform, Moscow, 2002.

[38] Zarita S.. Minimum Pension Insurance in the Chilean Pension System. *Revista de Analisis Economico*, 1994, Vol. 9, 105-126.

[39] Zhou A.. Modeling the Volatility of the Heath - Jarrow - Morton Model: a Multifactor Garch Analysis. *Journal of Empirical Finance*, 2002, Vol. 9 (1), 35-56.

[40] 边恕．中国公共养老金隐性债务研究．北京：经济科学出版社，2008 年。

[41] 陈辉，程明．企业年金的市场化研究．现代管理科学，2003 年第 6 期，93 页～94 页。

[42] 陈琳．基于通货膨胀目标制的通货膨胀预测实证研究．商场现代化，2008 年第 10 卷 555 期，331 页～332 页。

[43] 段家喜．养老保险制度中的政府行为．北京：社会科学文献出版社，2007 年。

[44] 段家喜．论养老保险个人账户的缺口及其对策．人口与经济，2005 年第 4 期。

[45] 范海东．我国企业年金制度研究，博士学位论文，厦门：厦门大学，2007 年。

[46] 付昕．企业年金的投资风险补偿机制．湖北经济学院学报（人文社会科学版），2006 年第 2 期，61 页～62 页。

[47] 高建伟，丁克诠．社会养老保险中个人账户养老金给付标准精算模型及模拟分析．南方金融，2005 年第 3 期，52 页～56 页。

[48] 郭琳．中国养老保障体系变迁中的企业年金制度研究，北京：中国金融出版社，2008 年。

[49] 郭席四．我国企业年金基金投资运营管理研究．湖北经济学院学报，2003 年第 3 期，71 页～76 页。

[50] 韩琳．年龄因素对个人账户养老金给付的影响及精算分析，硕士学位论文，沈阳：沈阳师范大学，2007 年。

[51] 胡高喜．我国区域基本养老保险制度的现状分析．科技创业月刊，2009 年第 1 期，62 页～63 页。

[52] 扈文秀，韩仁德，卢妮．中国金融资产定价中无风险利率的选择研究．经济问题探索，2005 年第 6 期，108 页～112 页。

[53] 罗伯特．霍尔茨曼．21 世纪可持续发展的养老金制度．北京：中国劳动社会保障出版社，2004 年，1 页～457 页。

[54] 李连友．基本养老保险制度中政府作用研究．长沙：湖南人民出版社，2004 年。

[55] 李绍光．养老金制度与资本市场．北京：中国发展出版社，1998 年。

[56] 李珍．社会保障制度与经济发展．武汉：武汉大学出版社，1998 年，144 页~151 页。

[57] 李珍．基本养老保险个人账户基金管理体制研究．北京：中国劳动社会保障出版社，2008 年，1 页～4 页。

[58] 廖伟志．衡量利率保证给付在固定提拔制下之成本：不同投资策略之保证成本与所得替代率研究，硕士学位论文，台湾：台湾大学，2007 年。

[59] 林春生．对中国 DC 型养老金计划引入个人账户担保的探讨与随机模拟分析，硕士学位论文，北京：中国人民大学，2008 年。

[60] 高文敏，林治芬．社会保障预算管理．北京：中国财政经济出版社，2006 年。

[61] 刘昌平，孙静．供款基准制养老金计划的相对收益率担保研究．证券市场导报，2003 年，28 页～31 页。

[62] 刘昌平，谢婷．中国企业年金计划担保机制研究．保险研究，2009 年第 8 期，100 页～105 页。

[63] 刘金全，金春雨，郑挺国．我国通货膨胀率动态波动路径的结构性转变特征与统计检验．中国管理科学，2006 年第 1 期，1 页～6 页。

[64] 鲁昌．债券利率期限结构——理论与经验研究，工作论文，2002 年，13 页。

[65] 吕江林，周渭兵，王清生．我国基本养老保险体系中个人账户余额发放方式合理化探讨．数量经济技术经济研究，2005 年第 4 期，93 页～99 页。

[66] 吕伟．政府或有负债风险管理研究——理论框架与实践探索．北京：中国财政经济出版社，2008 年。

[67] 吕伟，钟健．养老金担保与政府或有风险管理．财经科学，2005 年第 4 期，97 页～103 页。

[68] 罗伯特．霍尔茨曼．养老金改革——名义账户制的问题与前景．北京：中国劳动社会保障出版社，2006 年，322 页。

[69] 罗良清，王荼香．对个人养老金账户中除数取值的分析．统计与信息论坛，2005 年第 6 期，12 页～15 页。

[70] 钱珍．做实个人账户基金担保收益率研究．统计教育，2009 年第 2 期，35 页～39 页。

[71] 苏树厚，徐刘芬．个人退休金储蓄账户担保的经济学分析．中国特色社会主义研究，2005 年第 1 期，77 页～80 页。

[72] 孙建勇．企业年金管理指引．北京：中国财政经济出版社，2004 年。

[73] 汪沅．中国农村养老保障制度改革研究，博士学位论文，沈阳：东北师范大学，2008 年。

[74] 王积全．基本养老保险个人账户基金缺口实证研究．甘肃社会科学，2005 年第 3 期。

[75] 王利军. 中国养老金缺口财政支付能力研究. 北京：经济科学出版社，2008年。

[76] 王连山. 关于我国财政安全与财政风险的研究. 大连：东北财经大学出版社，2006年。

[77] 王少平，彭方平. 运用SETAR模型对我国通货膨胀率的拟合与预测. 统计与决策，2006年第14期，84页～85页。

[78] 王晓军. 中国养老金制度及其精算评价. 北京：经济科学出版社，2000年。

[79] 王晓军. 社会保障精算原理. 北京：中国人民大学出版社，2000年。

[80] 王晓军. 广东省养老保险制度改革——精算报告. 北京：中国财政经济出版社，2006年。

[81] 夏荣尧，肖曼君. 中国的通货膨胀预测：基于ARIMA模型的实证分析. 上海金融，2008年第8期，38页～42页。

[82] 杨方方. 从缺位到归位——中国转型期社会保险中的政府责任. 北京：商务印书馆，2006年。

[83] 刘尚希，于国安. 地方政府或有负债：隐匿的财政风险. 北京：中国财政经济出版社，2002年。

[84] 张畅玲，吴可昊. 基本养老保险个人账户能否应对老龄化. 中国人口科学，2003年第2期，53页～58页。

[85] 张海星. 政府或有债务的分析框架. 大连：中国社会科学出版社，2008年。

[86] 张君寧. 公务人员退抚基金收益保证对政府财政影响：模拟分析，硕士学位论文，台湾：逢甲大学，2006年。

[87] 张思峰. 社会保障精算理论与应用. 北京：人民出版社，2006年。

[88] 张勇. 个人账户可继承性与计发月数内在关系的定量分析. 数量经济技术经济研究，2006年第12期，126页～134页。

[89] 章伟. 我国企业年金基金投资运作研究，博士学位论文，厦门：厦门大学，2006年。

[90] 赵娟. 中国企业年金运营的风险管理研究，博士学位论文，上海：同济大学，2008年。

[91] 支燕. 中国养老金模式选择及收益保障机制研究. 天津：天津社会科学院出版社，2005年，63页。

[92] 中国保险监督管理委员会. 养老保险国别研究及对中国的启示. 北京：中国财政经济出版社，2007年。

后 记

本书是在我的博士论文基础上有所修改后出版的。三年博士时光犹在眼前，转瞬已然又三年。值此书付梓出版之际，一方面诚惶诚恐，深感本人能力精力有限，错漏在所难免，诚望专家和读者批评指正；另一方面，深怀感激之情、感谢之意。一路走来承蒙各位师长、领导、朋友的关怀、鼓励和帮助，感恩的心，我从不敢忘。

首先，要深深地感谢我的博士生导师王晓军教授。王老师是中国著名的养老金精算专家，老师充满活力的精神面貌，严谨认真的治学态度，幽默睿智的谈话风格，独特敏锐的思想见解和细腻温润的品性气质无一不给我留下深刻的印象。老师对我生活及工作的关怀也是没齿难忘。

其次，感谢不同时期领导的关心与照顾。有的领导沉稳而富有远见；有的领导学识渊博、儒雅谦和；有的领导心胸开阔、鼓励进取；有的领导勤勉负责、务实高效。不同的风格展示着不一样的人格魅力，都是我前进路上的指明灯。

此外，感谢师妹王瑜，在数据处理方面给了我很大的帮助。感谢好友袁平红、王述珍、赵银芳在任何时刻都给我踏实的友谊。感谢 07 级博士班的全体同学，共同组成一个温暖的大家庭，在这个集体中大家相互学习、彼此关心。感谢统计学院风险管理与精算学方向的袁卫教授、孟生旺教授、彭非教授、黄向阳副教授、肖雨谷讲师和王燕讲师，感谢你们在论文开题和文章结构方面给予我的指导。感谢国家行政学院牛献忠主任和本书的责任编辑，谢谢你们为本书的出版做出的贡献。

最后，我还要感谢我所有的家人。在过往的岁月中，你们总是无私的站在我身后，无条件的支持我，因为有你们默默的支持和鼓励，我才有今天的收获；因为有你们长长久久的牵挂，我才有每天的温暖。你们永远都是我人生道路上最宝贵的财富。感谢我的爱人林胜利先生，你吃苦耐劳、爱岗敬业、温文尔雅的优秀品质更是值得我学习的好榜样。

同时，谨以此书献给我即将出生的宝宝。你的到来让我的人生角色更加完整和充实，也让我意识到自己肩头的责任。希望你在健康、快乐成长的同时，能够成为一个有知识、有文化、有思想、有道德的新一代青年。

2013 年 10 月